寻访北京的古迹

古树·雄石·宝水

阿南史代 著

赵菲菲等 译

五洲传播出版社

图书在版编目（CIP）数据

寻访北京的古迹 / (日) 阿南史代著；赵菲菲等译. -- 北京：五洲
传播出版社， 2023.6

ISBN 978-7-5085-5014-5

Ⅰ. ①寻… Ⅱ. ①阿… ②赵… Ⅲ. ①名胜古迹－介绍－北京 Ⅳ.
①K928.701

中国版本图书馆CIP数据核字(2022)第249783号

寻访北京的古迹：古树·雄石·宝水

著　　者：(日) 阿南史代
摄 影 者：(日) 阿南史代
译　　者：赵菲菲　葛　萌　刘宗亚　王笛青
策　　划：李德安　宋坚之
责任编辑：黄金敏
装帧设计：田　林
制　　作：北京原色印象文化艺术中心
出版发行：五洲传播出版社
地　　址：北京市海淀区北三环中路 31 号生产力大楼 B 座 6 层
邮　　编：100088
发行电话：010-82005927　010-82007837
网　　址：http://www.cicc.org.cn　http://www.thatsbooks.com
印　　刷：北京市房山腾龙印刷厂
版　　次：2023 年 6 月第 1 版第 1 次印刷
开　　本：889×1194 mm　1/20
印　　张：16.6
字　　数：250 千字
定　　价：98.00元

目　录

我发现一块岩石洒满阳光，一条小溪流水潺潺，还有一棵棵绿树与我相伴，所以我一定要长久驻留……（八·伍德）

序

赞美北京的古树、雄石和宝水

北京的文化遗产建筑在人与自然的特殊关系上，在树、石和水的框架内看北京，乃是欣赏这座城市遗产的一种方式。在寻访北京古迹的过程中，我发现，过去的标记往往是一口井或一眼泉，几棵多节的松树，有时是一块石碑或一座废弃的石洞。它们传承了所在地的历史。

自然的这三个方面蕴藏着北京的往昔岁月。它们帮助我确定自己寻找的地点，并作出反应。它们往往保持着那些地方的气氛，虽然当地的宗教仪式早已不再。不仅如此，它们还带我认识了从名人到老百姓的许多北京人，他们欣然与我分享自己的知识和经历。尽管这里的生活节奏似乎越来越快，但总有一些人有时间为他人做一些事情。

自 1983 年起，我三次长期客居北京；在此期间，研究、探访这座城市的历史遗迹成了我的爱好。尽管我寻访的是那些遗迹的有形所在，但这跨越 20 年的经历却使我看到街区的发展、农村生活的变化和人民命运的变迁，同时也使我得以对本地个人的价值观窥斑知豹。对传统习俗重新发生兴趣使人在围绕古代遗迹发生的种种变化中获得一种历史传承感。许多寺庙和神殿一类的遗址都改作他用了，因此，我常常得力陈理由才能说服人家让我进入工厂、学校、居民区和其他单位。

本书涉及的故事只是我许多次探险中的一小部分记录。我选出的是那些最使我难忘，或带来多种经历、引出首都多个地方的历史变迁和沧桑留痕的内容。本书无意充当旅游指南，也不想对历史事实进行全面叙述。我在这里着重讲述的是与各行各业的人的邂逅。有些我放在"难忘的北京人"的标题下面，比如那些并非聚焦于特定的树木、石头或水域的

短文。它们同样是这个城市历史的一部分。

我在街头巷尾、荒山野岭寻找古寺遗址的过程中，对当地人的热情好客和精力旺盛钦佩有加。这也是探险中令人感到满足的东西。有时，人们会放下手里的事情，花一整天陪着我四处走动。这种"知行合一"式的研究方法使得那些古老地点的历史变成了活生生的存在。

在漫游访古的过程中，我越来越意识到关注环境的重要性。如今，走在北京郊区，人们谈论的话题常常是缺水、沙漠化和干旱。怪不得越来越多的人来到古泉边，用一个个塑料瓶装满水带回家。

古树特别能吸引我的注意，因为有时候，在一处废弃的庙宇或墓地，它们就是历史仅存的痕迹了。有多少次，它们帮助我识别出那些历史遗址！我喜欢了解它们那些昵称背后的故事，尊敬这些古老的哨兵，它们守护着活的历史。今天，人们不仅越来越会欣赏，而且越来越理解该如何保护它们。

走在山间，我逐渐找到了观察石头的新方式。这些天然的巨石总能给我留下深刻的印象，但是，当它们开始遭到毁坏时，我关注的是其环境的重要性。镌刻着铭文的石碑也引起了我的注意，它们为古代庙宇建筑的存在、来自皇家的庇护以及墓穴陵寝的由来提供了文字佐证。这些石碑在城市发展过程中经历了无数剧变，但许多可以原封不动地在原址找到。

　　对我来说，在20世纪80年代和90年代寻访北京的古迹，时间选得很合适，因为许多东西依然存留，尚未为现代化进程所改变。说时间合适的另一个原因是，由于体制和社会的开放，我得以随意接触各行各业的人士。此外，健在的老人仍然记得许多地方以前的样子，能够讲述他们解放后50年间所经历的事情。

　　在北京居住期间，我认识了一些专家，他们关于这座城市历史的知识对我助益良多，令我感激不尽。最重要的是来自家人和朋友的鼓励与支持——他们常常陪我远足探幽——以及北京城乡的百姓对我一贯的热情欢迎和帮助。

　　我衷心希望，这些短文能使人们更多地关注这座伟大的都城多姿多彩的文化遗产。古树带你回到过去。清泉继续滋养着这一方土地。开凿运河、解决首都供水问题的浩大工程依然令人赞叹。或者，只须走近胡同中石板上坐着的一位老人，你就能够听到一段长长的传奇；沿着桥上深深的车辙或进香的石板路走上一段，你就会嗅到历史的古老气息，触摸到历史的青苔。我总是满怀兴奋地踏上探索之路，充满好奇地期待着下一次邂逅。

阿南史代

V. Anami

古树就是活的历史

古树就是活的历史

「樹々が話せるものなら、きっとこんな物語を語るだろう…」

引 言

古代遗留的树

在寻访北京地区历史古迹的过程中，我的最大收益之一就是见识了如此之多气势不凡的古树。它们大多存留在昔日的佛教寺院或帝王行宫里，千百年来受到了保护和敬重。在时光消磨和历史变迁中，往往只有这些树木存留了下来，标志着旧址的所在。当我在北京城乡寻

访古庙时，总是这些树伫立在那里迎接我。一大片巍然挺立的松树，从远处深深的山谷里就能看到，所以即使那里其他东西都已荡然无存，人们也会知道，它们守护着关于一个特殊地点的记忆。

在整个北京地区，现存6000多株共29种树龄超过300年的古树。树龄最长的是一些常绿树木，如柏树和松树。落叶的银杏树、娑罗树和国槐也可以活到1000年以上。这些古树都得到了很好的照顾，因为人们觉得它们身上具有某种精神品质。这些树种经常会被选来种植在寺院、皇宫建筑和皇帝的陵墓周围。相反，种在老百姓家里的树则一般是些开花的洋槐或者结果实的树，如枣树和柿树。

这些分布在北京城郊各地的参天大树，构成了一幅关于北京往昔的地图。我在造访这些地方的时候经常感到，如果这些树木能说话，它们定然会讲述许多关于北京历史的激动人心的故事。我愿意将我与其中一些树木邂逅的经过同大家分享，以此作为让它们开口讲话和获得承认的一种方式。

譬如，中山公园里有两排粗壮的柏树，它们一路通向建于10世纪的辽代兴国寺旧址。树围如此之粗的树木在市区内非常罕见。尽管公园现在游人如织，你仍然能通过树木辨别出这

处寺庙遗址。它们强大的生命力令人敬畏。

地坛公园里也遍布古柏。人们晨练时，经常围住古树，从它们身上吸取能量。许多柏树的树干上有着磨得非常光滑的树节，这是经年累月的人类活动影响的结果。人们在树节上摩擦后背和僵硬的颈部，把树节蹭成了金褐色。那些树一定也感受到了这种按摩，因而显得分外健壮。

北京的古树具有强烈的个性。无论在市内还是郊区，最古老的树木往往会得到皇帝或当地人的敬重，并得到一些昵称，如"帝王树"、"柏树王"、"拴马树"等。以此种方式向这些历史的活见证表达敬意，真是再好不过了。

这些昵称通常描述树木的形态，例如，"卧龙松"的枝干全都横向伸展；"香炉柏"的两个

枝条就像两个把手连着圆形的树干。劳动人民文化宫有一棵古柏，其虬曲的姿态会使人联想到"鹿回头"。

因为很多世纪以来北京一直都是首都，所以北京有许多种奇树，并引以为豪。在皇家园林以及大的寺庙，园丁们有意识地修剪树枝，塑造出美丽而独特的形状。还有其他品种的树木，其种植的目的就是为了让人欣赏它们令人叫绝的树皮或者露在地面以上的树根。

不幸的是，曾经覆盖北京地区的大片森林

遭到了严重的毁损，为了给每个王朝修建宏伟的城市，古树被大量采伐。这些做法逐渐改变了环境。今天城区的扩建也威胁着许多幸存的树木。

1976年第一次来到中国时，我初次邂逅了北京的古树。从北京城通往明十三陵的老路两旁排列着虬曲高大的松柏，甚为庄严。1983年我重返中国，再次开车走上这条路。令我震惊的是，为了拓宽道路，这些参天大树全部被连根拔起，沿途到处都是这些树龄500岁的古树带根的树桩。

现在，北京人正齐心协力保护所有的古树。人们通常会在古树周围修起护栏，用正式的编号加以识别，将刻有编号的彩色金属铭牌钉在树皮上。100年以上的古树定为二级；300年以上的古树定为一级。林业局通过此种方式掌握这些树木的情况，因此，即便旧时为树木提供保护的寺院已经不复存在，它们仍然被视作珍宝。一个个街区的建筑在拆除，但生长在老四合院里的树有时却保留了下来，并且有望成为新环境中的一道风景。

北京这些种类、年龄和形态各异的树木不

仅使我们与往昔岁月建立了联系，还让我们意识到，我们有必要确保它们以及周边的寺庙遗址安然无恙，以供子孙后代品味和欣赏。也许，我们应该给每棵树都起个诨名。

"这些树知道！"

古树充分证实了北京圣地的重要性。戒台寺就是欣赏大量千年古树的最佳去处之一。一棵辽代古槐傲然守卫着寺庙的大门，由于岁月流逝，树干已经斑驳——它也许是法均和尚1069年重修寺庙时栽种的。一棵同样古老的松树以伸展的枝干将法均的佛塔拥在怀中。附近，北京地区最古老的白皮松"九龙松"生机勃勃地向上伸展着它的九根巨硕的枝干。寺庙下方就是该寺僧人的墓地——塔林。佛塔上的大量石块散落得到处都是，但众多壮观的菊花形松树仍然为这块神圣的土地平添了几分庄重。戒台寺的古树是历史的见证，它们使其他许多文化遗迹都相形见绌。

在海淀区西北的小山中，龙泉寺那两棵高大的银杏树非常显眼。其中一棵高达30米，树下是一座古老的石桥。另一棵生长在不复存在的佛殿的地基废墟前，坐在这棵大树下的古老石阶上，你可以品味它的沧桑，凝视古老泉眼

中的泉水潺潺流过孤寂的院落。在这些地方，尚存的树木依然再现着 1000 年前的历史。

如同年老的智者对自己多年来积淀的知识充满自信一样，这些树默默地注视着时代的变迁。在潭柘寺，人们在 12 世纪伟大的通理住持的九层佛塔前祈祷了多少次？那些遮蔽着佛塔的北京最古老的娑罗树知道！

曾有多少游客迈着沉重的步伐上山寻找久

负盛名的金山泉？伫立在那里守望了800多年的"姊妹松"知道！

在香山寺废墟中的那一对"听法松"下坐过的人们，我们如何才能知道他们获得了多少慰藉？我们只知道皇帝和随从们曾到这里来散心。我们还知道，当寺庙在100年前八国联军的炮轰下彻底夷为平地时，这两棵粗壮虬曲的松树就伫立在这里。这些树知道！只有它们存活了下来！

古树下隐居的御厨

在北京城中心的鼓楼西边，一条条窄小的胡同几个世纪以来一直保持着原貌，也保存着最典型的北京四合院建筑。这些住宅就如同灰墙构成的迷宫，每家只有一个很暗的入口。老

地图显示，有些小型的寺庙就坐落在这些迷宫的偏僻角落里。

小黑虎胡同是一条狭长曲折的胡同。1996年12月上旬的一个早上，我根据一张老地图到这里寻找一座旧时的尼姑庵，发现有一个四合院的地势特别低。这通常说明这里的历史很悠久，至少有几百年了。门口有一棵高大粗壮的国槐，它枝繁叶茂，在钢筋水泥的高楼大厦中

间顽强地生存着。此地原来是个花园，可是过去50年来，不断涌入的移民在这里扎根建房，形成了聚居地。

星星点点的植物给这块嘈杂的地方增添了些许美感。一棵小小的盆景石榴令这里的公用水龙头平添喜气。两棵枣树高高耸立，它们的树枝被用来晾衣服、连接电线和电话线。还有一棵树上攀爬着瓜蒌藤，它那淡桔色的果实点缀在树上，就像是圣诞树上的装饰球。这时一位老人从屋子里出来，告诉我说这里曾经是个尼姑庵，还指给我看屋顶上的破瓦。千真万确，我那张18世纪中期的地图显示，这里就是万福庵。他不记得曾见过尼姑，但仍记得以前这儿有很多大树，不过在"文化大革命"的时候，树都被砍倒造房子了，只有这三棵幸存下来。在混乱中求生的精神使它们堪称令人敬佩的英雄。

在旧尼姑庵的前屋，冬日的阳光照了进来，一口大锅正在炭火盆上冒着热气。浓郁的炖菜香令我不禁要问里面煮的是什么。刘景泉老人骄傲地说："现在你到哪儿都买不到这么好的东西了。"他的妻子微笑着说："我丈夫是末代皇帝溥仪的厨师。"

82岁的刘景泉告诉我，他家祖上四代都是宫里的御厨。他们擅长做面点，像著名的宫廷小窝头、豌豆黄、烤芝麻卷等。他还是孩子的时候，就跟着父亲随末代皇帝流落到了天津和以前的满洲，他父亲甚至去过日本。说着，刘老还随口讲了几句日语。战争结束后他们回到了北京，他父亲在北海公园的湖北岸开了一家宫廷菜馆。

刘景泉大半辈子都在西安做厨师。可惜他的孩子没有一个想学宫廷烹饪的。我担心这样美味的炖菜就要失传了！而这些树中豪杰也要在飞速的城市发展中消失了。不过现在，北京胡同里的每扇大门后可能都隐藏着一个传奇故事。

乱世的幸存者：高僧、太监和楸树

广化寺是北京佛教协会的总部。1996年一个安静的春日傍晚，我来这里造访的时候，只有几个僧人和俗家信徒出入。走过一座座禅院时，我听到了一阵阵古老的佛教音乐。在最后一进院子的两层藏经阁后面，耸立着一棵有500年历史的楸树。

院子一角的一个天井里种满了牡丹花。这里是现已过世的寺院住持修明的住所。我们见到他时，他已经91岁高龄，但仍很健朗，并能在不同场合用法语、英语和日语与来客交谈。

他出身于北京的一个富裕家庭，年轻时曾与一批中国留学生一起赴法国里昂学习，周恩来总理和外交部长陈毅元帅也在那批学生当中。他说，当年他们住在一起的12个学生中，只有他没有投身政治，而他——说到这里，他的眼里闪过了一丝狡黠的光芒——也是唯一还健在的。"他们想的都是如何拯救和改革国家，"他说。修明法师却选择了静修的生活，选择了佛教。

他一直在广化寺修行，不过并没能一直住在这里。20世纪50年代的时候，他也不得不参加劳动。"文化大革命"的时候他被迫离开。寺中的书籍典藏在前院烧了七

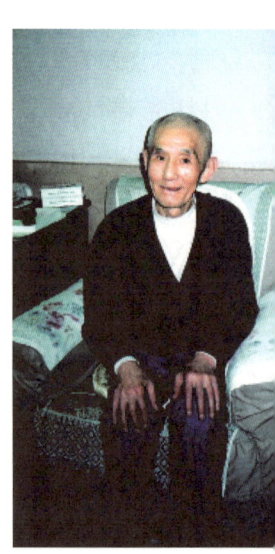

天七夜，佛像被毁得面目全非，石碑也砸得粉碎。两只元代的石狮子形貌再凶猛也没能挡住红卫兵。最后，是军队来保住了剩下的东西。

1983年，修明法师重新回到这里担任住持，那时这座寺庙才真正开始了重建。正大光明的姿态和慈祥但坚定的目光显示着这位法师的深沉、自律与平和。整个寺院都为他的这种人格光芒所普照。

附近还有一处幽静的所在。那是一座独门独院的小屋子，院子里种着一棵树。在那里我们见到了中国最后一个太监孙耀庭，他正襟危坐在屋子的一角，穿着棕色的皮夹克和黑色的棉裤。他一直居住在这里，直至次年辞世，享年98岁。

孙老有一张平滑而黝黑的脸，头发剪得很短。他发现我们到来后眼睛亮了一下。"公公，"我们大声地用尊称叫他。你不能直接称一个太监为"太监"，"公公"才是礼貌的称谓。于是，我们只是问了一些简单直接的问题，比如："您的家乡是哪里？"他说他的"老家"是河北靖海县，"清朝的太监大都出自那个地方。""公公，您是什么时候进宫的？"他说他十几岁就进宫伺候皇上了。

不久清王朝就灭亡了，不过他仍然住在紫禁城里。他的级别是"四菜一汤"，这既表示他每餐的规格，也表明这是个较高的职位。"后来我跟溥仪一起去了天津和伪'满洲国'的首都长春。"他到东北去是1932年，当时33岁。解放后他回来当了一名道士，不过还要接受一些"劳动改造"。

孙耀庭和另外六名太监1983年来到了广化寺居住，并且得到了细致入微的照顾。他由寺里的一个老年帮工照顾，一般白天睡觉晚上起来。他说自己现在吃得很简单，不再是"四菜一汤"了！

十分钟的会面之后，他伸出纤巧但已经干枯的双手跟我们握别。在外面我们可以透过窗户看到他的脸，正从幽暗的屋里朝小院望着。这幅景象也折射出他的一生：在高墙之后，远离外面的现实世界。

我走回门口，不禁感叹那棵老楸树的生命力。它马上又要开花了，正巧赶得上佛祖的诞辰。

成双的树迎宾客

参天古松凝聚寺庙的历史

在乡下，古树往往构成风景的主体，而且很容易在水边见到。它们标示着古庙或是古墓曾经的位置。在一个偏僻山谷的深处，瑞云寺大门前高耸的松树已经超过了寺庙的大殿。在这些千年古树的生命历程中，寺庙里的建筑已经重建过很多次了。有一年春天，在探寻这座

寺庙的历史时，我发现了一块几乎隐没在鲜花盛开的果园里的古老石碑。它记述了这座寺庙12、13世纪的历史，寺中僧侣以及寺内泉水的情况。

寺庙里的树总是受到大众的尊敬，在寺院中种树已经成为一种佛教传统。这要追溯到菩提伽耶伟大的菩提树的重要意义，就是在这棵树下，公元前6世纪时的佛祖释迦牟尼冥想了七七四十九天后大彻大悟。佛祖涅槃时所睡灵床的幔帐就是两棵娑罗树。不过在中国和日本，这类亚热带的菩提树不是很适宜在北方地区生长，而银杏、松树等树种则成为人们尊崇的对象。

于是，寺院就成为树木的保护区，这些树木不再用来烧柴或是做木材。瑞云寺的松树就这样划地为界，开始无所畏惧地生长。

为名木开路的柏树

两棵老树，一棵弯曲，一棵笔直，这是在许多寺庙门口都会见到的景象，代表了阴阳的平衡。在日本京都旧皇宫的门口也可以看到这种树的布局。在北京它的最杰出代表莫过于大觉寺门口那两棵历经800年风霜的柏树了。它们是12世纪种植的，金章宗把这座辽代早期的

清水院作为他的一处静养之地。

这座寺院遵循契丹人的传统面东朝阳而建。1068年的一块石碑仍清晰可辨，上面说道："阳台山者，蓟壤之名峰；清水院者，幽都之胜概。"如果那块石碑是在今天书写的话，我倒情

愿赞扬一下这些美好的树。

很难说大觉寺哪个季节最好,那里一年四季都有非常美妙的景象。4月初,我在这里看到的是寺下山谷中开满的杏花。在一个小院子中,那棵著名的白玉兰树也正在盛开。它是200多年前乾隆皇帝在这儿出家做功课的时候种植的。当地人至今仍然对红卫兵当年的做法感到十分愤怒,这些年轻人砍倒了与这棵树并排生长的另一棵树。他们说:"人怎么能跟树过不去呢?"在北京最大的享受之一就是坐在这棵玉兰白色的繁花下品读春色;到了深秋,头顶上的树结出了一些葡萄似的紫红色果实,里面盛满了橙色的种子。它的旁边是一棵笔直的柏树,一株鼠李绕着它的树干生长,寄生在它身上。

在酷热的盛夏时节,大觉寺要比北京城凉快得多,晚上可以坐在那棵不受虫害的千年"银杏王"树下乘凉。这棵树的树围有八米长,但它还在生长;在饱经沧桑的老树干旁,新发的嫩枝长了出来。我们几个朋友在这一大自然的杰作之下喝茶谈天,直到深夜,耳边是山泉在长满青苔的石渠中流过的潺潺水声。

秋天,30米高的银杏树那金黄色的叶

子与湛蓝的天空相映成趣。有一次，仰起头给金色的叶子拍照时，我听到一个游客在对他的小儿子说，前几天在电视采访中看到我在谈参观古庙和古树时的感受。他对我说："您看到这些古树的时候那么激动！"

在寂静的冬日，银杏王那纵横交错的枝条在寒风中沙沙作响，斑驳的树皮上深深的纹理显示出时间所堆积出的力量，就像一个指挥若定的帝王。那眼著名的泉水冒出热气，使得山上最后一个院子雾气缭绕——院内一松一柏，

两棵高大肃穆的树上盖满了雪花——似乎是在环抱着一座球茎状的宝塔，为它保暖。我打着哆嗦，从寺中那上好的热茶中得到些许温暖。

皇帝的银杏卫士

寺庙中的树一般都会按照一定的布局平衡来种植，比如潭柘寺主殿前那一雌一雄两棵银杏树。它们的名字分别是"帝王树"和"配王树"。这两个称号系乾隆皇帝见识了它们的雄

伟丰姿后所赐。它们确实值得称道，而在它们前面对称种植的一对有500多年历史的娑罗树更给它们平添了威仪。

我很想拍一拍这对银杏树秋色盎然的全景，但它们太大了，很难在一张照片中拍出一棵树的全貌，更不用说把它们都收入到一个镜头里了。深色的树干在一片金光闪闪的叶子中间显露出一个剪影，就好像是阳光中少女半透明的裙子下若隐若现的身体轮廓。明代的时候，两棵树之间曾建有一座佛殿，不过后来被移走了，这样，两棵树有了更多的空间，在接下来的千年岁月中不断地伸展枝叶。总有一天，这对爱侣将会手牵手的。

两棵白皮松

八大处的第一处——长安寺的院子里生长着两棵耀眼的"白虎皮松"，又名白皮松。它们是元朝时种植的，迄今已有600多年历史。它们那斑驳的树皮现出一种特别的白垩色光泽，这种树只在特定的地方种植。鉴于它们有着历经岁月磨洗的生命力，这一双顽强的树对如今在此地疗养院中休养的人来说一定是大有裨益的。

这不禁让人想起，翠微山的法海寺也有明

朝时遗留下来的类似的白皮松。矮小的主殿与这些参天大树一比，立刻矮了一截。通往大殿的道路两旁的两对白皮松是如此显眼，它们一下子就抢了殿内辉煌场面的风头。

我还记得，1985年5月1日法海寺首次向外国人开放时，我马上带着孩子跑去，在那些粗大的枝条下面野餐。直到吃完了饭，天色已晚，我们才走进昏暗的大殿中参观保存完好的明代佛教壁画，为那历经500年仍鲜艳夺目的色彩而赞叹不已。

大殿前半部的壁画是半隐蔽的，前面的三尊佛像和旁立的十八罗汉起到了保护作用。然而，这些雕像在"文化大革命"的时候被毁掉了，于是后面墙上那鲜明的色彩便显露出来。

后墙上则是因陀罗及其20位同伴的壁画，生动再现了佛教圣殿的景象。画两侧的男女、日月都是对称的，这也符合了阴阳的平衡，就像院子里成双的树一样。那些树如同聚光灯，将人们的注意力吸引到了这华美的艺术宝藏中。

卧虎蟠龙

在永定河西岸有一座古老的村庄，名叫龙泉务。这里是1000年前烧制辽三彩的瓷窑所在地。村南丘陵中的寺庙遗址同样古老，只是现在已经被铁路切断了。我虽然最后找到一条路穿了过去，但还是被那些没有标志的土路搞昏了头。有一条路通向一个驯狗中心，另一条则通向一处军事重地。最后我只好沿着一条溪流边的铁路走。在一个无名沟壑的一片荆棘丛中，居然不可思议地站立着两对树，椒园寺仅有的遗迹。

两棵千年古柏侧对着东面的出口。一棵又高又直，树干上有一条螺旋状的花纹蜿蜒而上，直到枝顶，宛如一条蟠龙直上云霄。另一棵虎柏也恰如其名，粗壮的树干坚实地扎在地下，好像一位肥胖的相扑选手蓄势待发，树皮上的突起恰似一头卧虎巨大的脑袋。

传说这两棵树实际上是一对守庙老人所化。有一次，他们因为珍贵的香炉被盗而号啕大哭，三天之后，邻居们发现悲号声戛然而止，那对夫妇也就此消失，而庙门前却多了两棵老树。

另外两棵形状特异的银杏树也被看作一对古怪的夫妇。一棵挺拔超然，另一棵则好像在恭顺地低眉弯腰。村民们称它们为夫妻树。

瓷窑外有寥寥几个黄色和绿色的碎陶片散落着。但它们并不孤独。毕竟，旁边还有一只卧虎、一条蟠龙和一对古怪的夫妻相伴。

旗人聚居区的树

1997年4月的一天，北京到处都飘着棉花样的白色柳絮，它们像雪花一般随风起舞，这说明春天已经进入了中国的北方。在如此惬意的一天，我的老朋友邓锐龄教授邀请我一起去中南海西侧的街区重温儿时的记忆，中南海现在是中共中央的办公地。

现已70多岁的邓教授是个老北京，祖上好几代都是贵族。他们虽身为汉人，并非满人，但却是清朝正黄旗的官员。他说："我的祖父当年被派往南方的江西省做官。朝廷下的旨都是用满语写的，只有他能看得懂。我的父亲也能讲满语。

"我们住在皇城西面的府右街，意思是'王府的右边'，那是因为宣统皇帝的父亲曾住在这儿的西边。那个地方现在是国务院的一个委员会。"

邓家的院子包括由南到北的七个花园式院落，还有一条西轴线。"后边面朝小花园的屋子是给家人居住的，而前面大花园四周的厅堂则是正式接待客人用的。"我们开车经过那里时他回忆道。他家的房子几乎跨越了整个街区，但所有的院子现在都被不同的住家和工作单位占据了。

帮助我们确定以前布局的是一些古树。一对国槐标明了南面的边界，它们一如既往地高耸挺拔，只不过路现在已被堵死了，只能想象当年两棵树之间正门的样子。

邓教授继续怀旧，追忆往事。"那时候邻里间人不多。人们见面的时候都彬彬有礼，用的还是满族的行礼方式。隔壁住的是英家，他们是蒙古的旗人，也是天主教徒。30年代的时候，我们家还把前院的一些房间租给他们住呢。"

他还记得他就读的光明殿小学南边就是军营。"每天一早一晚都听得到号声。对一个小孩来说，号声听起来特别遥远，可实际上也就步行十分钟的路程。"

东边朝向府右街的三个门仍然开着。第一个门是警察局。第二个门通向一片错综复杂的居住区，在邓教授认出两棵老树时，一位居民表现得非常友好。最后一个门则通向中直机关的幼儿园。

"那棵榆树，那棵香椿树，还有那些桧树，都是我们家的！"邓教授显然找到了家的感觉，"那个角落原来有一口井。有一天一个日本兵闯进了我们的房子，我们全都躲在那口井后面。他慢慢地转了一圈，就从那个门出去了。"他将往事娓娓道来，仿佛回到了当年。

邓教授让我看了一幅展现院落原貌的画，"这个后花园从前真的非常舒适。到了夏天的晚上，会有萤火虫和蝙蝠。"

1951年，邓教授一家搬出了他们世代居住的房子。不过那些老树仍然在宅院里茁壮成长，缅怀着旗人的往昔岁月。

历史的孤独哨兵

享受冬日的阳光

在天开小村，两棵古树——一柏一槐——为每天的集市提供蔽荫，树下也是大家聚会的地点。它们都是村中央寺庙的遗留物。一个阳光明媚的冬日，我路过这个人们聊天、下棋的地方。一位老人背靠着一棵古树，绿色的棉袄微微敞开，像一只猫一样享受着舒适的阳光。早市的售货车上琳琅满目，有各种干货、成堆的大白菜、刚做好的豆腐，以及成袋的面粉。

另一座寺庙"大庙"现在是天开村初中的校址。身穿一件亮闪闪的棉袄的张老师告诉我，他们有200个学生。她指给我看一些用作地基的石头，我能看出上面还写有梵文。一位74岁的张老汉也加入了我们的谈话，他说当年这所学校还半是寺庙的时候他就是这里的学生了。他掀了掀自己的皮帽子，环顾四周，然后指了指垒起的土台上那间大教室，说那个大殿里曾经有一座很大的塑像。

"想不想知道我们村为什么叫天开？"他问道，"中国还没有第二个地方叫这个名字呢。

故事是这样的,"他吸了口烟袋,继续说道,"这个地方原先总是阴沉沉笼罩着大雾,终年不见阳光。有一天来了一只神兽,它把天打开,让阳光照了进来,我们村于是得了'天开'这个名字。"

张老汉继续讲述着村子的历史。"我们这儿现在只有大约600户人家,年轻人大都出去打工了。"这也解释了为什么在外面闲坐的多半是老人。村子的中心和那两棵古树似乎被时间遗忘了,它们离飞速发展的北京是那样遥远。不过在那个1月份的早晨,那只神兽真的来过,并且把天打开,请进了阳光。

守卫尼姑庵的空心树

在西黄村,有一棵千年古槐可谓历尽沧桑。它位于从前运煤入京的一条路上。几百岁的时候,它一定目睹了后面庵里的一位尼姑挺身而出,警告御驾亲征的明英宗皇帝,他注定要吃败仗,并且会遭到俘虏和囚禁。结果她为此受到了严惩。当她的预言应验后,皇帝嘉奖了她的大胆进言,并将她的尼姑庵赐名为"皇姑寺"。还有传说讲她甚至在皇帝遭囚禁的时候带着水和食物前去探望。另外一些故事则说,实际上皇帝在她挡驾的时候就将她处死,

后来为了纪念她才盖了这座庵。

接下来的岁月里，除了这座尼姑庵，北京城里和近郊的尼姑庵大都关闭了，尼姑们只得另谋生路。可能是它特殊的称号给了它保护吧。庙里的铜钟现在保存在城里的大钟寺，钟上铭刻的文字表明这座尼姑庵一直受到皇家的供养。

如今这座废弃的尼姑庵也只剩下了几间屋子。我上世纪90年代末最后一次去参观的时候，见到大批的民工住在那里，他们在大殿的柱子之间拴了绳子，晾着衣服和床单之类的东西。只有墙上那些坚硬的石头还能让人想象出这里的原貌。至少上面还残留着历史的青苔。

那棵饱经沧桑的槐树的树干已经出现了空洞，但它依然在大门那显示荣耀的位置顽强地挺立着。

操场上的楸树

甚至在城里也能找到这样孤独的树。白纸坊小学的操场上就有一棵大楸树，它是始建于7世纪的崇效寺的遗迹。1995年我去寻访这座寺庙的时候，也在寻找这棵树以及那里曾经非常有名的牡丹花。据说牡丹花在那里已有200多年的历史，其中包括绿牡丹和紫牡丹两个稀

有品种。

牡丹花如今已经全都移植到中山公园了，不过那棵楸树还在，周围也立起了护栏。明代留下的一座门楼和两层楼的藏经阁现在成为学校的一部分。藏经阁曾经收藏有一套完整的《金刚经》，但现在已不知去向。

操场上没有人，因此我走上前去，想仔细看看这一历史的活标本。正当我想给树拍照的时候，看门人不知怎么改变了主意，很粗暴地要我赶快离开。她不能确定古树是不是能拍照。

辛免于难的树

在北京东北一个杂草丛生的山谷中寻找黑山寺的遗迹时，我一下子看到了后面山脊

上蜿蜒的长城。周围再无其他建筑物。最后，在高高的秋草丛中，我找到了几块雕刻过的大理石。仅此而已。不过我看见了一棵蔚蓝色的天幕映衬下的高大的银杏树，它孤独地守望着这片曾经很神圣的地方。它的叶子几百年来一直在变换着颜色，但却少有游人来欣赏它的美丽。

附近正在扬谷子的农民告诉我，这里从唐代起确实曾是个佛事兴盛的地方，但200年前却被当地人愤怒地毁掉了，因为他们说寺中的

僧人勾引他们的女儿。只有这棵大银杏树幸免于难。

这又使我想起了另一个地方，那里能显示其往昔荣耀的也只剩下了树。在圆明园一个被人遗忘的角落里，三棵高近30米的毛白杨紧紧地抱成团伫立着。周围几乎没有任何能与它们从前所处环境联系起来的东西，但一看见它们，你就知道这些有数百年历史的树是1860年圆明园遭外国军队毁坏的幸存者。没人敢碰它们！站在粗大的树干之间，抬头望着那高耸盘旋的枝杈，会让人生出一种异样的感受。

不易发觉的大银杏树

抬头村可能早已忘记了古老的福胜寺。你要在那儿打听的话，别去问年轻人，他们只会迷茫地看着你。最终，一个坐在路边的老人说这里确实曾有这么个地方。他指着一条小街和一堵高墙，示意可以到它后面去。

登上一座砖房后面的土路，又翻过一个垃圾堆，我终于找到了。那里隐藏着两棵巨大的银杏树。我小心翼翼地穿过浓密的满是刺的野草丛，到了银杏树边上，才发现其中一棵有八根巨枝，树干的周长起码有七米。除了一个圆圆的石基，它们便是唯一证明这里曾有过一座寺庙的东西了。

北京的一位历史学家郝仲泉后来告诉我，这座寺庙的银杏树在19世纪初的时候就很有名了。树旁发现的一块当时的石碑描述了它们的大小和壮观景象。郝先生说："它们的历史可能要追溯到大约1000年前的辽代，这座寺庙刚建成的时候。"他说，寺庙当时占地面积很大，而且还有很多树，其中一棵国槐的树干高达15米。解放后它被砍倒，木料

足足做了67张课桌，给在寺庙原址上课的小学生们用。

幸运的是，两棵银杏树留了下来，而且在被人忽视的地方恣意生长着。

洞穴寺庙前的引路松

3月底北京各处山上的果树都竞相开花时，沿着山路去造访天华洞再好不过了。洞顶上一段长城蜿蜒而过，因为没有修缮，所以也没有游客。天华洞的游客也很少，因为到这儿要徒步走上一个小时。

我向当地的牧羊人问路，他们只是说："就在绿树边上。"我抬头向眼前高高的山岭望去。它就在那儿。我很容易就找到了那棵也许有700多岁的松树，它看上去就像一个高个子的孤独的哨兵。那一天，它那翠绿的松针与满山遍野浅粉色的花儿形成了鲜明的对比。

的确，这棵稍稍有些弯曲的树就站在洞口，仿佛一个弯弯的箭头指着路："就在这里！"我向洞中望去，发现好几个天然洞穴被建成了一个佛堂。可能是一条地下河使得这里成为可供僧人居住的地方。洞里的雕像都很新，不过这座洞穴寺庙的时间可不短了，至少跟这棵树一样长。

供奉被遗忘的日本僧人的柿树

在北京千余年来最重要的寺院——潭柘寺里，只剩下一棵柿树装点着僧人们的墓地。这棵树枝叶参天，缀满鲜亮的橙黄色柿子，好像拥抱着一座宝塔的塔顶。

这块墓地被称作"塔林"，比寺院的地势低，位于山坡上的一片平坦地带。不过，大多数游客

都沿着曲折的山路上行到寺院的大殿，错过了这处景观。墓地里通常空无一人，但有许多大石头供游人坐下来休息。20世纪80年代，我经常和家人去那里野餐。90年代，这个特殊的地方能让我们的爱犬获得一点闲逛的自由。我经常去那里散心，但却从来没有注意过其中一座特殊的佛塔，直到2000年秋天，色泽鲜亮的柿子才把我的注意力引向了那里。

小鸟啄食着熟透的柿子，吃了一半的柿子溅落在这座七层宝塔的灰砖上。宝塔正面的铭文是："第三十三代住持无初德始禅师之塔。"塔前一块饱经日晒雨淋的标牌读起来很有意思。这位葬在柿树旁的住持的身份令我惊讶，他竟然是日本人！铭文说，住持于明朝（1368－1644年）初年来到中国，他的法名是无初德始，法号是"终极"。他来自日本一个当时叫做信州的地方（今天的长野县），很小的时候就在那里剃度为僧。

他在南京、成都和北京的多座著名寺庙担任过住持。由于结识永乐皇帝的老师姚广孝，他于1412年被任命为潭柘寺的住持。关于他的其他情况我们只知道：他在潭柘寺担任住持期间一直致力于寺院的兴建与修复；他于1429年圆寂，这座宝塔就是为他而建。

他之前往中国，是日本足利幕府与明朝宫廷之间外交往来的结果。出国学习的日本僧人在回国后通常会得到晋升，成为

各自寺院里地位最高的僧人。很多僧人再也没有回国，也就被人遗忘了。不过，奇怪的是，尽管这位僧人显然在中国备受尊敬，并且成为杰出的佛教领袖，日本的史书却对他只字未提。

这位日本僧人还是位出色的书法家。如今，人们在河南的少林寺里仍能看到刻有其书法的石碑。石碑立于1392年农历五月，署名是"扶桑僧人德始"。古代中国称日本为"扶桑"，意思是"东边太阳升起的地方"。

无初德始的成就为早期中日关系中的学术交流树立了良好典范。他在这里是佛教团体的一员，而佛教团体是一个无国界的世界性组织。作为个人，他因自己的学术造诣和领导才能而得到了中国的接纳。他不仅历尽千辛万苦来到中国，还克服了语言、文化及其他障碍，一路升至中国佛教统治集团的最高层。

毫无疑问，柿树是为纪念他而栽种的，这种树在他的故乡长野广为人知。看来鸟儿们正欣然将小块甘甜的柿子投落，让那长眠于此的僧人品尝乡愁的滋味。

我觉得，向这位临济宗僧人敬一杯日本茶再合适不过了。2001年5月17日，我与北京几所寺院的僧人以及佛教协会的负责人一起来到潭柘寺，与北京里千家茶道院的师生们展开了一次茶道友谊之旅。我们肃立在无初德始禅师的塔前，一位僧人虔敬地将一个天目制茶杯放在塔基上，默默祷告，然后将茶泼洒在塔基的四周。我深信，无初德始禅师圆寂570年后，他的在天之灵一定尽享了日本茶的清香。明年的柿子也许会更甜！

北京最古老的树木

僧人讲述的古树根的故事

在8月初那个粉色和白色芙蓉花盛开的日子里，我见到了红螺寺81岁的老和尚海峰大师，他目前是寺里的历史学家和书法家。据他说，这座寺庙的历史可以追溯到4世纪，经常被称作北京最古老的寺庙，是佛教净土宗的重

要中心。寺庙的一个院落里还保留着为知名的住持们修建的佛塔。

海峰慢悠悠地讲述着他的经历。他年仅11岁时就在附近的一个寺庙出家，19岁时受具足戒。后来，他获准到久负盛名的红螺寺游学一年。不幸的是，他自己所在的寺庙在上世纪50年代的"土改"运动中遭到摧毁，他不得不还俗。60年代，他亲眼目睹了红螺寺遭到破坏。据他说，当红卫兵四处横行毁坏建筑时，他们忘记了(或是出于无知而没有注意到)，那些参天大树延续着寺庙的精神，事实上，它们才是真正的神殿和珍宝。

海峰说，这里是北京地区最重要的气功习练中心。他说，"这座寺庙和周围的山谷有着很强的气场，"古树散发的能量就聚拢在那里。

一对有着1100年树龄的著名银杏树足有30多米高，俯视着下面的大雄宝殿。它们是活的斗士！无数片深绿色的扇形树叶在风中摇曳着，就好像是清晨在北京的公园里健身

的舞扇者。

另一件珍宝是一棵生机盎然、虬曲多节的松树；据说，它是 500 年前的明朝栽种的。它与紫藤缠绕在一起，好似在共舞一段令人眩目的探戈。这棵松树肯定充满了旺盛的精力，因为这段探戈已经跳了好几百年！

海峰指着寺庙一侧的罗汉沟说，"气功"就是从那里诞生的。我感受到了树木的巨大能量，知道它们延续着古庙的精神。我不再需要别人来说服我。

学校保护自己的树

我们在首都东部的偏僻道路上迂回了很久才找到塘子村。村里耸立着一棵生长了1500年的美丽的银杏树，它那无拘无束生长着的枝叶高高地为塘子小学的操场提供庇荫。一位老师说，那里有过一座寺庙，并恰如其分地根据这棵树得名"白果寺"。

过去，这里曾有另一棵银杏树与它为伴，但如今已不复存在。或许是环绕村庄的山丘帮助这棵树在凛冽的寒风中生存了下来。当年日军入侵这里时，这棵树曾遭过火烧；我们仍能看到烧焦的树皮，作为那场悲剧的见证。

如今，学童们围着它周长九米的树干嬉

乡亲们说，树后曾有一座建于唐朝的关帝庙，所以这棵树至少与它同龄。如今，关帝庙的旧址上建了一片烈士陵园，安葬的都是为抗击日本侵略者而牺牲的本地人。在树根紧挨道路的地方，人们修建了护栏保护它。

所幸护栏上有个大洞，所以人们可以接近并触摸这棵树。所有18个分权，每个都粗壮得足以成为一棵参天大树，相形之下，人显得太矮小了。它的树龄可能至少已有2500年。我最喜欢凝视这棵树在阳光下的剪影，同时思索存活如此之久意味着什么。这棵活化石的寿命为何会超过北京平原上的其他一切东西？是因为

戏，轻盈地跳过裸露的树根玩着捉迷藏。在那个初秋的日子里，孩子们簇拥在这棵生机盎然的大树周围，好像在爱抚它，此情此景是多么美好！我相信，是孩子们的抚摸和欢笑让历尽沧桑的树皮重新焕发了生机；同时，孩子们也在古树强大生命力的作用下茁壮成长。

九搂十八杈

有一棵柏树名为"九搂十八杈"，树名的意思是，它粗壮的树干要九个人手拉手才能环抱，共有18个分杈。它的树皮上有深深的褶皱——这是岁月刻下的痕迹。

水土好？避开了寒风？远离了人群？抑或仅仅因为运气好？也许这些原因都有吧。

"我们东方三王……"

如果要前往昔日气势恢宏的上方山庙宇群，一共要登上1000级台阶。如今，那里是一座国家公园，在风吹雨打之下，往日香火鼎盛的72座庙宇已经变成了散乱的废墟。我有幸数次踏上那些台阶，进入了这片似乎有魔力的树林。在密林中，夏末时节枝叶繁茂的树冠下几乎是一片昏黑；为了争夺阳光，树木不断向上伸展。

我参照一位比利时工程师在90多年前绘制的一张老地图行进着。他所做的标记相当准确，让我一路上很轻松地识别出了古旧的佛塔和寺庙的废墟。柔和的光线非常美妙。当我在墓地里漫步时，四周零星分布的布满青苔的佛塔以及其上高耸的松树几乎使我透不过气来。我不知道哪棵树最高，享有"树王"的美誉。

继续顺着山势向上爬，就来到了绿色林莽中非常罕见的一片空地上。那里有一座部分得到修复的寺庙——建于明朝的兜率寺。一棵高大威风的松树矗立在院落里。我见到了寺庙的看门人王先生，20多年来，他一直守护着上方山。他谈起了树木，望着远处的树林说，林子

里有许多古树。有几棵树值得人们特别注意，它们被命名为"三王"："柏树王"、"松树王"和"槐树王"。老王提到，寺庙空地上的那棵俊逸的柏树有30多米高。

我把老地图拿给他看，并且告诉他，一个

外国人在1910年代就注意到了这座寺庙。他也看了看墓地和宝塔的草图，然后打开后门上的锁，让我走进一个杂草丛生的院落。地上散放着一些乱石，他说这些石头是墓地里的。我所寻找的辽代六角形石柱就立在草丛中。石柱正面雕刻着一个小小的僧人坐像，他的身份是寺庙建造初期的一位住持。

王先生接着讲到了其他寺庙和尼庵的遗迹。他说，除了参天大树之外，几乎什么都没有存留下来。有一棵罕见的娑罗树，它的一根枝干带有保护意味地伸展在寺庙遗址的大门上方。再往前走，小路中央就屹立着那棵"槐树王"。它的枝桠向高处伸展，冲破了树林形成的拱顶，树叶几乎超出了人们的视野；树干周长足足有三米多。这些生长较慢的树木能存活较长的时间，但它们不得不与周围生长迅速的年

大块突起就已经把我的相机取景框塞满了。我坐在这棵巨树前，推想着它目睹过的所有生生死死，还有千百年来在这个院落里与它为伴的人类和所有蚊虫。

这些枝繁叶茂、威风凛凛的大树使上方山成为了一处壮观的游览胜地。1000多年来，它们一直像沉默的见证人一样静立在那里。现在，让我们走下1000级台阶，回到下面喧嚣的世界中吧！

2000 岁高龄的"干妈"

她看上去就像是凯尔特神话中野蛮的巨人女巫，正试图把身体向后仰成弓形；从远处看，则像是一只巨大的黑寡妇蜘蛛，立起身来准备出击。但是，这棵国槐其实非常温和，在岁月的风霜中还遭受过严重的伤害。周边的村民们带着孩子来到这位高大的"干妈"面前鞠躬祈祷，希望她能保佑他们长命百岁。这棵树当然也成功做到了这一点。一座小小的祭坛就立在树干上敞开的树洞前。

这棵树生长在怀柔县的雁栖湖畔，树干周长曾达7.5米，树高曾达20米。可惜的是，红卫兵在她脚下住宿时砍下了大量树枝和大块树干用作柴禾。这个可悲的故事是树木的看守

轻树木争夺阳光。

小径越过横跨在小溪上方的石桥，通往一座古刹，那里有两座偏僻幽静的佛堂。建筑并不重要；这块地盘属于"柏树王"——一棵树龄1500年、28米高、树干直径1.54米、周长4.9米的大树！它那粗壮的树干和树皮上的一

人、72岁的孙正明讲给我听的。他记得，过去七个孩子可以一同钻到古树中空的树干里，里面也可以容纳四个成年人打扑克牌。后来发生了严重的旱灾。2002年，树叶从7月份就开始飘落。这件事惊动了县领导，于是老孙用了一周时间不分昼夜地从河里抽水浇大树。尽管他付出了巨大的努力，大树的几根粗枝还是枯死脱落了。

我向古树的树干里张望，发现了残留的炭烧痕迹。老孙穿着普通的蓝色上衣，戴着普通的蓝色帽子；他站在河边的平地上望着远方说："十几岁的时候，我经常和朋友们一起到这儿来。"这里曾经是村中心，几年前，一个开发商把这里改造成了水泥鱼塘和周末度假村，但此后就一直闲置着。"过去我们柏崖厂村的戏台就在这儿，逢年过节都有演出。"那里还有过另外五棵古树，但都被砍掉了。然而，"干妈"与众不同，她栽种于汉代，已有2000多岁，在上个世纪60年代的动乱之前，没有人敢动手砍她。老孙还说，大树后面曾有过一座供奉当地神灵的神庙，"不过，它也已经不见了。"

关于这棵大树的另一个不解之谜是，昆虫

都不敢接近她。夏季里，树下非常凉爽，你如果在那里歇息，就不会受到蚂蚁或苍蝇的搅扰。老孙说，先有了树，然后有了神龛，最后才建了村庄。这是一个以伐木业为生的村庄，村里人在后面长牙形的山林里砍伐柏树，因此，村名就叫"柏牙厂村"。

从不同角度看，大树呈现出不同的面貌。在那个冬日里，我绕着树干欣赏女巫、蜘蛛甚至是巨型盆景的造型，但最喜欢的还是那个大洞，它的上方是一段粗壮弯曲的枝干。这就是"干妈"的面庞。她虽然白发苍苍，却精神矍铄，在整个北京地区，她是树龄最长的槐树。

古柯庭

北海公园的画舫斋拥有北京城内最古老的树——一棵唐朝的国槐。2002年夏天，我出席了画舫斋重新对外开放的仪式，最大的收获是亲眼看到了后院这棵最古老的树，院子就因这棵树而得名"古柯庭"。此树成为这座皇家园林的一部分至少已有700年。乾隆皇帝非常敬重它，还曾书写对联称颂它。后来的光绪皇帝也曾把这个院落用作书房。它翠绿的树冠在高处遮蔽着粗壮的枝干，带有一股凛然之气，毕竟，它一生都在与皇族打交道。

团队精神——气功大师的标志

虎背熊腰的52岁气功大师万苏建，无疑是个才能出众的人。你只须在他位于城西的道家医学气功八卦循导功本部与他待上一会儿，他就能弄清你的强弱所在。万大师一般凝视某人十秒钟，然后在纸上画出他所看到的东西。典型的诊断是："关键是均衡，任何一种情感过于强烈，都会影响到人体的器官。"他能够用具有穿透力的双眼发现人体释放热量不足或不够健康的部位，然后，告诉病人哪些部位偏弱，指出长期背痛、内寒或肝肾燥热将来都有可能发展为疾病。他可能会提醒你："就是这里不够均衡。"

数百年来，像万老师这样的医生一直是中国的传统医师，他们所依据的就是传统道家医学理论和对"气"的认识。万老师是位军人，与好几所军队医院有联系，在这些医院采用中医疗法行医。与业内的大多数人士一样，他觉得有必要将传统医学与现代治疗手段结合起来。万大师本人的医术是从师傅罗有名那里学来的。罗有名是一位著名的女性正骨专家，尽管已经年过百岁，仍在悬壶行医。万老师告诉我，如同他从师傅那里学到的那样，"气功和打坐的目的是控制呼吸，推动能量打通经脉，从而实现强身健体。"

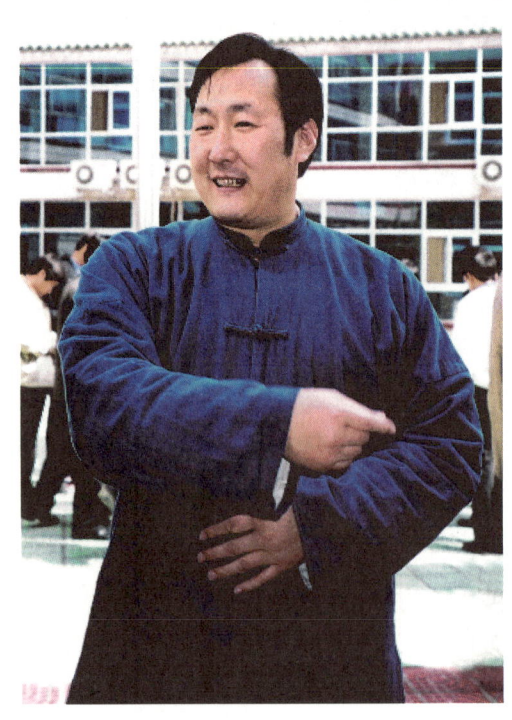

万医生及其年轻的助手四五个人一组，把自己的能量导入病人虚弱的部位。尽管他们的手掌距离病人身体有相当的距离，但病人仍能感觉到掌中散发出的热量。万老师说，经过训练，他们可以通过打坐和打太极拳来调理自己的气，然后把能量发送给病人，帮他们治疗或预防疾病。万老师对道家疗法的革新在于采用团队疗法，他称之为"八卦气功"。

万苏建有64名助手，都是他亲手培养出来的。他们的年龄从10岁到25岁不等，每人专攻诸多武术门派中的一派。他们以引人入胜的方式展示自己积累"气"的技能。他们受的训练还不止于此，每个人都精通一种用于道家音乐疗法的乐器。万老师还训练他们从大山、古树甚至水流中"集"气。

古树的长寿本身就是一种能量。北京的大量古树为他们提供了利用这种生命力的大好机会，他们能从树干乃至上面的枝叶和下面的树根中感受到能量。选择的树虽然古老，但一定要充满生机。练习者站在树干前约一米处，膝盖微屈，双手上下舞动，好像要把树的能量从头顶纳入体内，然后再通过双腿把能量返还给树。这样，人就成为枝叶、树干和树根之间能量循环的一部分。另一种练习方式是让手掌对着树木，用力上下挥动手臂，从掌心吸纳能量。也有人环抱大树锻炼身体。

万苏建医生的疗法并不仅限于个人治疗，他和他的同事还向中国北方的几所与国际红十字会有联系的诊所提供社区服务，救助那些困苦的人。在万大师的有力领导下，道家医术在当今的现代社会中仍然占有重要地位。

进香道旁的树

为香客遮荫

人们在通向山间寺庙的进香路旁也栽种了树木，你一眼就能看到这些树随着小径蜿蜒起伏，或者亭亭如盖地长在曾经为香客们遮荫的旧茶棚原址。远眺海淀区北部的群山，你会发现，在翻越山脊通向妙峰山的进香古道上，有不少这样残破不堪的歇脚点和古树。

你会不时看到一棵高大的古松，因此知道附近或许曾经有过一间茶棚。千余年来，香客们就是这样走过一棵气势庄严的油松，走过古松荫蔽下一座破败的寺院。这棵树被贴切地称

为"迎客松"。信徒们就从这里前往瑞云庵，那里有一景非常奇妙，一块巨石上立着一座小宝塔，等待着游人们的到来。此外，古老的石径也向西分岔，路旁的松树越来越多，表明那也是前往妙峰山进香朝圣的四条古道之一。

鹫峰上虬曲的树

西郊还有一条类似的古道越过鹫峰，通往明朝修建的秀峰寺。古树俯瞰着依山势层层升高的几进院落。松树、柏树和槐树或者成双，或者成群，或者孑然独立，给这座几近荒废的庙宇平添了一分卓尔不群的优雅。只有跳跃于庙宇屋顶间的松鼠们刺耳的尖叫声划破寂静。在最繁密的一片古树林中，破损的石头墓门被拼凑成了野餐用的桌椅——那是某位已经被人遗忘的太监的坟墓，在隆冬时节格外寂寞。

前一天刚下过雪。我行走在这条曾经熙熙攘攘的道路上，嘎吱作响的脚步声在石径上回响。在前往顶峰的途中，我看到了很多令人难忘的岩石，它们各有各的绰号，比如"蜥蜴石"。我不禁想，它们形成这个样子已经有多久了？

鹫峰寺的石头基座和台阶已有近千年的历史。每块石头上都有许多手指宽的沟槽，诉说着其年代的久远。通往峰顶的每一层平台上都

有圣迹，有些是石窟寺庙，但大多数已成废墟。

登上这个高低不平的地方，我们能隐隐约约地俯视北京平原。山顶上同样生长着一些气势不凡的树，"鹫峰古松"就是挺立在巨岩边的一件非同寻常的天然珍宝。左近有一棵橡树耸立在另一块巨石前，恰好处在风口，因此所有的枝干都弯向同一个方向，干枯的树叶则被风吹得卷了起来。旧石路继续向前伸展。在翻越山脊的路上，因为你随处能看到常青的树木为你指路；连汉塞尔和格雷特勒（《格林童话》中的人物，容易迷路）都知道该往哪个方向走！

丫髻山的酸枣树

形状奇特的"丫髻山"位于北京的东边,山

坡上古老庙宇的断壁残垣星罗棋布。顶峰看上去像是被砍肉刀劈成了两半,形成了字母"Y"的形状。显然,这种形状使它成为了一座独具特色的山。

我们艰苦跋涉到山上,见到了负责看门和售票的72岁的张先生。树木同样给这个一度神圣的地方增添了特别的气息。最值得注意的是一些"迎客松"和一棵"松抱柏"。老张一边吃力地向山上爬,一边说:"前几天夜里,我们放了好多鞭炮庆祝新年。"

村庄里有一处皇帝的旧行宫。老张说:"抗战的时候,有100多个日本兵在这儿驻扎过。丫髻山的51个道士都在1947年被遣散了。逢年过节的时候,做法事的道士都是从北京白云观和湖北武当山来的。"

山顶东侧是玉帝大殿,西侧山丘上是为碧霞元君修建的道观。道观本身已经重修过,里面是三清塑像,但老张评价说:"不如原来的好。"求子的祈祷灵验后,人们为感恩而送来了成堆的小鞋作为供品。

道观巨石地基的罅隙里长出了一丛丛多刺的酸枣树。只有它们能在这个多岩石的地带顽强生长。这是个贫困地区,贫苦的村民们连生计都很难维持。即便如此,古老的风俗还是提醒山中的另一个看门人——60岁的王先生

——不要吃酸枣。

当地有一个传说：一天，一个羊倌在山坡上放羊时感到很饿，他尝了尝酸枣，觉得味道不错，就吃个不停，一直吃到肚子滚圆，还贪心地往衣兜里塞满了枣子。他环顾四周，发现自己的羊都不见了。他遇到一位老道士，向他讲了刚才发生的事情，道士马上就责怪他不该吃那些酸枣。道士随后说，找回绵羊的唯一办法就是向山中的四位女神祈祷。当羊倌平伏在她们的塑像前时，道士出现了，他告诉羊倌："你的羊就在老橡树旁。"羊倌的羊群果然在那里等着他。这个故事的寓意是：丫髻山的酸枣不能砍、不能摘、不能吃。也许正是由于这个原因，它们才长了那么多刺。

进香古道松树成行

北京著名的古玩街琉璃厂旁边的一条背静小巷里有一家小茶馆。茶馆的老板冯建华问我："你想一起去进一次香吗？"我是1996年4月冯的茶馆开张那天无意中来到这里并与其结识的。他的茶馆非常朴素，只在不起眼的门口挂了一块写有"茶"字的简单的木牌。茶馆里只有八张方桌和一些条凳，但冯的开朗性格让这里红火起来。

突然间，化了装的冯表演起了独角戏、快板和北京著名的相声。然后，不等你回过神来，他又恢复了例行工作——倒茶，与顾客寒暄。

29岁的小冯又回到我的条凳上坐下，细述他先前提出的那个问题。"我打算下个月在妙峰山组织一次'圣会'，还要向其他香客供应茶水。"他的声音低沉而严肃，"那一天是碧霞元君的节日。你知道，她是北京真正的守护神。"

参加进香会是北京的风俗，这样能确保行程和沿途食宿得到妥善安排。一家人往往会选一名成员作为代表前去进香，而这样的进香活动一生通常只有一次。援助组织帮助香客，向他们提供免费的茶水和休息场所（尤其是在爬山的过程中），以此还愿。这就是"茶社"（"圣会"）的起源。

小冯接着说："这一切到抗战后就终止了。不过，我们最近又恢复了'天平圣会'。我们的组织很特别。只有进宫表演过的戏班才能称为'圣会'，其他茶社只能称为'老会'。我们之所以能获此殊荣，是因为我们的戏班曾应邀为慈禧太后祝寿演出——那是上世纪初的事了。"

农历四月十八是碧霞元君的生日。不过，在此之前的几周时间里，庙会就开始了对这位妇女守护神、送子娘娘、平民庇佑者

一年一度的供奉。在道教众神中，她是最受爱戴的神仙之一。

我们花了大约两个小时才到达偏远的妙峰山道观，又称"金顶"。这里位于北京市中心以西大约70公里处。尽管道观的海拔高度超过了1300米，但登山的人可以先沿着公路走上一段。不过，最后一个上坡是一条陡峭的小路，路旁长着虬曲的古松。人们可以从这里看到一片壮观的景象——布满岩石的山脉，还有下面开满野玫瑰的山谷。

小冯提议我们在节日的第一天前往那里。川流不息的香客队伍沿着小路蜿蜒而上，大多数人穿着漂亮的衣服，戴着长长的念珠、五彩的丝巾和小饰品。所有人脸上都洋溢着节日的气氛。由于有着共同的精神追求，人们之间迅速建立了友谊。一个兜售松木拐杖的小贩吆喝着："来啊，买一朵玫瑰插头上吧！"

在攀爬最后一段山路时，我看到了更多的参天大树。人们将它们视作神树，给树干缠上红绸带、经幡和剪纸。小冯首先带我们参观了位于山峰一片突起的岩层上的主殿。

浓重的烟雾笼罩着道观的内院。在巨大的香炉前，人们争先恐后地呈上自己的供品。祭坛上摆满了各种形状和尺寸的偶人。祷告完毕之后，信众们把注意力转向了欢乐的集市。小冯的"天平圣会"的帐篷是最大的一顶，他的戏班正要开演。

浓妆艳抹的男男女女大多已有70多岁，他们站成半圆，和着响板和锣鼓的节拍，以扇子和木棍作为道具，表演了一出古代的民间故事。这就像中世纪欧洲的基督受难剧，寓教于乐。

人们购买了大量纪念品。我给小冯买了一张保险杠贴纸，上面写着："好人一生平安！第四届妙峰山庙会。"我们还买了护身符（尤其是编织而成的红色蝙蝠图案），并把它们别在衣服上。最后，我们沿着长有虬曲古松的道路慢慢下了山。

时代文物密藏器

花落何处?

　　随着城市扩展、农田被蚕食,位于这个现代化首都西南角的丰台区正在大兴土木。然而这个地区过去是远近闻名的"花乡",有600多年的历史,北京市几乎所有的花木都是这里出产的。即使现在,丰台也号称有200多公顷花卉种植基地。

　　离南三环路不远的樊家村有一座小庙——花神庙。1997年暮春,我在翻看一张老地图查找花神庙时有幸遇到了年届七旬的郭先生。他是这里的老住户,当时正坐在一所小学校的外面等孙女放学回家。我向他打听花神庙怎么走,他手指着背后学校的大门说:"过去就在这儿。"接着他娓娓说起了这个地方的陈年旧事,他的孙女则仰头聆听着。

　　"这里过去可热闹啦。花农到这里祭祀花神,祈求花事兴旺,文人骚客来此地吟诗作赋。"他们日出时分来,也就是上香的时辰。郭接着说:"逢年过节就在这里搭台唱戏,很多人都来看免费演出。这个市场大得很,有鲜花、花籽和园艺工具出售。我记得有很多南方人到这里来卖花木,一听口音就能听出来。"

　　最重要的节日是四月十九,就是所谓的

"洗花节"。这一天通常要举行花会，人们自豪地把自己最美丽的牡丹——花中之王摆出来。

郭讲了一个古老传说："美丽的牡丹仙子和其他11位天仙因触犯天条被玉皇大帝贬到人间，她们到了人间就变成了五颜六色的鲜花，每种花掌管一年12个月中的一个月。"郭记不得是哪些花，而据民间传说，这些花仙子是按照一定次序排下来的，阴历年第一个月为迎春花，接着是玉兰、丁香、牡丹、茉莉、荷花、海棠、桂花、菊花、茶花、水仙和梅花。芍药属于低一级的花神，此外还有月季、杏花、桃花、蔷薇、石榴、凤仙花、万寿菊等充当每个月花会的花仙子。

作为一种民间崇拜，农民长期对花神顶礼膜拜。郭接着说："花神庙没有住过道士，这个村子负责看庙。这里是花农协会所在地。"郭回忆往事的时候，他的孙女站着一动不动。"我记得有三个殿，主殿有用黏土和稻草塑的花神像，还有玉皇大帝的塑像。这些塑像都是一米多高，穿戴花花绿绿的。庙门打开时，我们可以看到这些塑像面南背北坐在神坛上。"

他惋惜地说："去年他们把老殿最后的东西都清走了。我看见他们把三块石碑埋在地下，在上面铺上了水泥。"如今水泥空地上是个汽车销售市场，停放的红黄两色的出租车

取代了泥塑的神像，迎风招展的彩旗取代了花仙子。

郭走开了，不过一直在听他说话的一个小

姑娘让我们跟她走。她和小伙伴们沿着土路一边走一边说笑。最后他们指给我们看遗忘在学校后面的一块破碎石板，石板上雕着一条龙，龙的四只爪子和长鼻子依稀可辨。这是花神庙最后的纪念物。

丰台的历史正逐渐为城市的发展所湮没。花神庙没有了，但是这个城市有很多公园给爱花的人提供了去处。只有老辈人还记得分掌每个月的花神。

向南俯首的爱国者之树

树木也是时代的文物密藏器。让我们以府学胡同一个小院里的一棵树为例。北京市东城区的这个地段还保留着许多大型民居，不过，有一个地方的地势比整条街道低很多。以此作为线索可以推断，这处民居保留了自己更为悠久的历史，没有垫高，与周围的住宅连成一片。

这里的一座祭祖台用于供奉 13 世纪南宋著名宰相文天祥。文天祥在蒙古人的监狱里关了七年，始终坚贞不屈，终被害。在明朝，人们为铭记他的忠烈而修建了这座祭台。据说，

二道院里那棵傲然挺立的枣树就是文天祥亲手栽种的。

第一次到文天祥祠参观的时候，我拾阶走下低陷的院落，感觉就像穿越时空回到了过去。仿佛时光倒转，我真的置身于明代的北京城。一位管理员给我讲了这棵枣树的故事。我看到，枣树的所有枝干都弯向一个方向——南方。这情形让我想起另一位著名的将军，他的雕像永久矗立在我的家乡新奥尔良。不同的是，罗伯特·E·李将军永远以轻蔑的表情面对着北方，而我们的爱国者文天祥（还有那棵

凝聚着他的精神的树)则总是面朝南方，怀念他深爱的祖国，永远效忠于南宋皇帝。

僧人们在丁香花间呵护历史

北京的一些地方以开花的古树闻名，在花季，它们是不容错过的景观。北京城里最有名的丁香树生长在法源寺，4月花季，丁香盛开，再现"香雪海"盛况。我喜欢沉浸在丁香花甜美的芳香里，聆听僧人们诵经。作为北京最古老的寺庙之一，法源寺建于唐朝，用于超度在与北方渤海国作战时阵亡的将士的亡魂。当年，宋朝的钦宗皇帝就被软禁在庙后附近的一口古井旁。乾隆皇帝也经常驾临这里，有时还打扮成僧人。这里目前是佛学研究的中心。寺院内满是艺术品和古代石碑，甚至还有一棵

国。大殿旁的丁香树花团锦簇；大殿里的年轻中国僧人在塌塌米上弓着身子，将粉末状的绿茶拨入上过釉的陶土杯。

看着年轻僧人为举行正式的茶道仪式而忙碌是一件很有意思的事情。他们也深为自己的成就而自豪。一位刚刚参加过茶道仪式的年轻侍僧问我是否愿意参观他的房间。房间里的东西与普通年轻人桌上摆放的物品别无二致：除了经书，还有一台录音机和一堆磁带（他眨眨眼说："学语言用的。"），一个网球拍、一对哑铃、一些糖果和口香糖、几本时尚杂志和一张全家福。他看起来和其他学生一样，他的房间也和其他宿舍一样。我们在盛开的丁香花旁合了影。

喧嚣中的紫藤和海棠

1985年的一天晚上，我与一些美国朋友在著名的山西餐馆晋阳饭庄吃饭。这家历史悠久的餐馆总是顾客盈门，不乏生机、雅兴和美食。那棵生长了200多年的硕大紫藤优雅地攀爬在格架上，繁茂的叶子在门口上方搭起了盛大的华盖。

我们在拥挤的大厅里找到一张桌子。不久，我们就大嚼起了香脆的闻喜饼。大厅里挤

树龄700年的白皮松，其历史可以追溯到元朝。

不过，在法源寺，最令人愉快的体验与日本茶道有关。茶与佛教相关联的悠久历史也是佛教传入日本、到中国学习的日本僧人把饮茶习惯带到日本的历史。如今，日本的茶道大师反过来又把古代僧人演示的茶道重新带回中

得满满当当，人声鼎沸，我们得使劲叫喊，才能让别人听清我们的话。然后，我们又开始吃山西香酥鸡。我的耳膜和喉咙都使用到了极限。随即上桌的是"猫耳朵"。我们干了一杯汾酒，这种白酒是用山西中部的汾河河水酿制的。我们大叫道："为纪晓岚和他美丽的家干杯！"这家饭馆就建在18世纪大学者纪晓岚的故居里；根据乾隆皇帝的旨意，他主持编纂了著名的《四库全书》。

然后，我们又大叫大嚷地高谈阔论了一番他的生平。"有人说，院子里的海棠树是他为纪念青梅竹马的恋人栽种的。"她是伤心而死

发现大多数顾客已经离开，只剩下另一桌顾客惊讶地注视着我们这群声嘶力竭、兴高采烈的外国人。

纪晓岚的灵魂肯定也受了惊扰。他的灵魂确实存在，而且就停驻于他亲手栽种的紫藤和海棠树上。在诗文里，他把低垂的紫藤花比作挂在天边的紫霞，而它们的花香则是芬芳的波浪；他预见到，它们的美会在他离去之后长存。在另一首为海棠树而作的诗里，他把海棠树作为自己爱情的象征，将之与海棠花的美丽相比。但是，那首诗的调子很悲伤，它描述了深秋的海棠树，叹息的是光阴的流逝。

为了纪念纪晓岚，他的故居作为一处历史遗迹得到了修复，晋阳饭庄也搬离了这里。经过了所有的喧嚣之后，两棵树在宁静中繁茂地生长着。"干杯！"

北京的蝴蝶槐

1995年2月27日，北京下雪了。这是那年的第一场雪。我再一次试图进入柏林寺，这座元代的寺庙曾是北京的八大寺庙之一，存放过大量的历史资料及印版。由于不再对公众开放，它的许多院落保持着一种亘古不变的面貌，院中的古柏也是一样。

的。"为海棠树干杯！"接着，山西省最重要的主食刀削面端到了每个人面前。"在过去，厨师会把面团顶在头上，挥动着刀子削下面条。""太可怕了！"一个美国人惊叫道，"他的头发肯定也会给削掉的。"我们环顾四周，

查看了列在门外的单位名称之后，我很自然地选择了国际友谊博物馆试一试。我是外国人，而且态度很友好，所以很容易就骗过警卫，走入第一进院落。一位"负责人"走了过来，禁止我给两座大石碑拍照。我说是来参观博物馆的，他要我径直走到最里面去，还说，所有的建筑物最近都修缮一新。他将大雄宝殿上悬挂着的一块横匾指给我看，上面写着"万年柏林"，出自乾隆皇帝的手笔。

后面两层高的藏经阁的院子里散落着金属陈列柜，也许是有什么展现国际友谊的计划。我迅速环顾了一下四周，但匆忙中没有认出那棵使柏林寺广为人知的独特的"蝴蝶槐"。一个热心的看门人问我找谁，并告诉我说，博物馆全体人员都在开会。他向他们大叫，说有客人来了。那些人也大叫着回答，让我下午再来。我

里从前可大了，园子一直延伸到北边很远，你得骑着马才能从一头走到另一头。到了明朝，城墙穿过了柏林寺的广阔地盘。噢，对了，先有柏林寺，后有北京城。"人们对北京的好几座寺庙似乎都有这种说法。

错过了寺中的大树，我知道自己必须再来一趟，但直到2002年9月，我才沿着那条熟悉的胡同，斗胆来到了庙门口。我这次来的目的很单纯，就是要看一眼"蝴蝶槐"。它栽种于清朝中期，据说树叶的排列很不寻常，是七片一簇，并因此为它赢得了这个美名。

一群在那里工作的外国姑娘认出了在门口"埋伏"的我，就带着我一起进去了。在藏经阁所在的后院，我问起了蝴蝶槐，但一个工作人员模样的女士生硬地说，那儿根本就没有什么蝴蝶。出人意料的是，一个普通的门卫突然间指出，其实庭院里是有一棵蝴蝶槐。那位女士看上去有点不自在，只是静静地在一旁看着我给槐树拍照片。蝴蝶槐的枝杈在一间大殿上方伸展开来，一丛

如释重负，说我会再来，也许是明天，然后就匆匆离开了。

我往回走，经过院墙北侧时，看到了藏经阁华丽的背影。两位老人走上前，对我说："这

丛翠绿的蝴蝶形叶子密密麻麻，非常壮观。这样看来，我偷偷潜回柏林寺真是值得！

迷失在时光中的千年古村

北京最早有人居住的地区之一可以在永定河上游找到。这是从西向东穿越群山的重要路线，有些村庄至今已经在这里存在了1000多年。1996年的灵水村就像是一个迷失在时光中的地方。我沿着一条土路走进了这个有着石屋、寺庙废墟和许多参天大树的村落。

我沿着石阶走到这个住着700人的村子后面地势较高的地方，寻找他们的寺庙和神殿。古树带给人的整体感觉是：村庄仍处在10世纪的辽代。连一根公元992年的石柱都在铭文中提到了这个村庄。当地人说，村子现在的形态与蒙古人统治的时候大体相同，许多房屋从16世纪以来一直保持着原貌。

看到一片旧戏台的废墟时，我意识到自己已经找到这个村子的中心。以往逢年过节的时候，也许大多数村民都会聚集到这里观看流动戏班的表演。南边是戏台，北边是作为背景的南海火龙庙，他们就挤在这二者之间的空场中。一扇糟朽的大门通向神殿的院落，院里耸立着一些不同寻常的树。一棵树干中空的古柏

成为另一棵榆树的宿主，后者虽然年轻，但树龄也已有300年，树高达到了十米。当地人称之为"柏抱榆"。旁边另一对树的奇妙组合叫做"柏抱桑"，它们像一对幸福的情侣，把对方拥在怀中。当地人说，当白色的桑葚与绿色的柏树叶相辉映时，它们是最美丽的。

我步入一个院子。居民们仍使用着与祖先相同的器具。沿墙壁和石板房顶攀爬的南瓜藤的阴影里立着几个老式水缸和存放食物

的大缸。他们把在一种特殊的洗衣石上捶衣服用的棒槌和碾谷用的碌碡拿给我看。乡邻们坐在门外的台阶上，沐浴着和暖的秋日阳光。一位95岁的小脚老太太骄傲地说，她现在还能自己做饭。

更高处原来有座寺庙，以当地的一眼泉水命名，但现在只有一扇大门表明它曾经存在过。两个女孩咯咯巧笑着从木门后探出头来。这座寺庙如今只存在于想象中，但是，威严如家长般的树木赋予了它某种性格。庙堂一度占据的地方现在是一间曾临时用作乡村学校的房屋。一位退休教师带着我们四处走了走。"据说这棵树是建庙时栽的，但这很难说。灵水村里里外外原先挤着不下15座大小寺庙。"他继续讲述着村庄的历史，并把一棵罕见的银杏树指给我们看：这棵树只有一根奇怪的枝杈上能生长果实。

远处，另一棵古树——一棵生机勃勃的巨柏——的轮廓凸现在金黄色的庄稼地里。这是一棵"灵芝柏"，标志着另一座废弃古庙的位置。沿着曲折的石径返回时，我在村庄的入口附近看到了一对雕像般的国槐。在它们伸展的枝叶下，一头驴子拉着原始的石磨，周而复始地缓缓绕着圈子，碾磨着新收获的谷物。这幅永恒的画面记载着灵水村的过去。

一棵历史悠久的枣树

从护国寺旧址前穿过的是同名的街道——护国寺街。寺庙已不复存在，但一座大殿和后面的几座配殿存留了下来，用作仓库；它们是这个地区的重要历史留下的唯一印记。在昔日每月一次的盛大庙会上，来自城市四面八方的人们涌到这里，专程来逛一逛那久负盛名的花市。1984年的一天，我前往那里寻找庙会以及寺庙历史残留的痕迹。我还记得那一天是2月1日，北京一个寒冷的冬日，阳光灿烂，天空蔚蓝。在每家商店瞄一眼，买个鸟笼子，吃点烤白薯——与几个朋友外出寻奇时，这真是再惬意不过了。那里有很多大户人家的宅院，门口比街道高出很多，大门非常精美。有人告诉过我，宅门口越高，居住者的地位就越显赫。

1986年，我再次来到这条胡同，拜访这样一户人家。我叩响了装饰在朱漆大门上的黄铜门环。两座石雕"门墩儿"立在门口两侧。走进大门，我发现这是一个典型的北京四合院——所有房间都面朝中间的花园。

这是末代皇帝的弟弟爱新觉罗·溥杰的家。我们坐在他的客厅里喝茶时，溥杰悠然说起了来过这里的众多日本客人。房间里到处摆放着客人们赠送的大量日本小摆设，不过，没有一件装饰品与他过去的皇族经历有关。

他不无骄傲地把花园中的一棵树指给我看。那是一棵枣树，看上去并无特别之处，但是溥杰已经迫不及待地要讲述它的故事了。他向我讲起了日俄战争结束时的一个著名场景，时间是1905年，地点是坐落在辽东半岛的港口城市旅顺。为了在东

亚的这一地区取得影响力，日本和俄国在
此展开激战。在日本海军营地的院子里生
长着一棵形单影只的枣树，就是在这棵树
下，俄国将军施特塞尔向日本将军乃木交
出了自己的佩剑并宣布投降。

　　由于被写进了关于这场战争的一首歌
曲，所以在此后的数年间，这棵树随着歌
曲在日本的风靡而逐渐扬名。溥杰说："这
棵树就是旅顺那棵著名的枣树的后代。"
在旅顺时，有人给了他一粒那棵枣树的树
苗，随后，他把它带回北京并栽种在家里。
如今，它已经长成了大树，占据着花园里
的显眼位置。

　　到3点钟了。这是他每天去医院看望
日本妻子嵯峨浩的时间。这是一桩伪"满
洲国"时期的包办婚姻，当时他的哥哥溥
仪是傀儡政权的皇帝。溥杰在起身离开时
唤来一只猫，小心地把猫藏进一包带给妻
子的食品里。他不好意思地笑着说："医院
不允许带宠物进去，可她特别高兴能和自
己的猫在一起，哪怕只有一会儿。"他站在
朱漆大门前，手里拎着包，既是一位慈祥
的老人，又是一位疼爱妻子的丈夫。他身
后是那棵有着确定身世的枣树，偶尔会提
醒他想起自己的东北故乡。▎

御苑中的树

钓鱼台国宾馆的珍稀树种

数百年来，皇家别苑总能使皇帝能够摆脱宫廷的刻板生活，获得些许自由；如今，古树仍然与这些地点不无关系。钓鱼台（中国的国宾馆）起初就是这样一座御苑。在钓鱼台的旧址内，古老的水道仍然在花园中蜿蜒迂回。钓鱼台是12世纪时的金国皇帝首先启用的；明朝皇帝继续把它用作休养场所；经过满族人的重建，清朝皇帝仍在使用它。

4月份一个阳光灿烂的日子里，我在后花园里漫步。年代久远的池塘水面上满是花瓣和柳絮。在旧址的小丘旁，我找到了一棵树龄800年的威严松树，它有着粗壮虬曲的树干。或许，王公贵族们最初出游垂钓时，它就生长在这里。我注视着岸边的垂柳，不禁想，这里是不是皇帝坐过的地方？

附近还有更多独具特色的树木，它们生长在国宾馆最有名的饭馆——养源斋——的院落里。其中的一棵小叶朴是北京仅有的几棵此类树木中的一棵。树皮上的一些地方生有皱痕，就像大象的皮肤一样。如其名所示，树叶与粗大的枝干比起来确实显得很小；它们在风中轻声低吟。同一座花园里还生长着一对楸树。那一天恰逢它们细小的白色花朵五年来首次盛开。这种机会确实罕见！

"白袍将军"与"遮荫侯"

女真统治者建立的金朝都城位于现今北京的南城。这个半游牧民族在历史上盛极一时，他们为自己的乡间别墅修建的无数花园湖泊就是他们留下的遗产。当皇帝们身处森严的宫殿中时，北方丛林的魅力总是召唤他们回归，因此，他们尽可能多地逃离令人气闷的宝座，躲

的松树，由一根铁柱支撑着。它看起来就像是一位年迈的王侯倚着拐杖，摆出一副高深莫测的姿态。这棵松树修剪得非常漂亮，它属于一个罕见的品种，三根松针为一组，而不像常见的五根松针一组。据说，乾隆皇帝曾在这棵树下歇息过。微风和树荫让他感到凉爽，他便欣然将松树命名为"遮荫侯"。但是，如今的游客总是匆匆走过这两棵大树，完全不知道它们得到过怎样的恩宠。

老兵没有死，他们幻化成了松树

栽种松树（特别是有着不同寻常的白色树皮的白皮松）者，似乎以皇室兴建的寺庙或陵墓居多。开车走在城外的道路上，我总会到生长着白皮松的地方转一转，因为它们肯定是为纪念某个地方或某个人而栽种的。一看到这样的树木，我就会产生难以克制的强烈愿望，想要找出它们背后隐藏的谜团。

西山脚下的红旗村里有一个不同寻常的小树林，那里生长着将近100棵这样的树。我在20世纪80年代和90年代两次经过那里，两次都恰逢阴雨天，前门都是锁着的。但是，这并没能挡住我，我穿过庄稼地，通过一条小路进

到能让他们放松的御苑中去。距离最近的御苑是他们于1179年修建的大宁宫，也就是今天的北海公园。

中南海和北海中间有一个小敌楼，名为"团城"。它过去就是御苑的一部分，证据可在几棵树上找到。"白袍将军"是一棵树龄800年的白皮松，它的高度超过了敌楼开有垛口的护墙。18世纪的清朝皇帝乾隆看出了它的震慑力，于是向它表达应有的敬意，赐予它这个名字。

同样古老的"遮荫侯"是一棵粗壮、虬曲

入那里。

　　这就是松堂。已经废弃，静寂无声。然而，这里还有某种动静。在细雨和雾气中，一丛丛白皮松让我感觉自己在参加一次亡灵的鸡尾酒会。

　　它们当中应该包括乾隆皇帝的亡灵，因为他在附近检阅了军事演习之后就是在这里休息的。这里最初是一座庙宇，乾隆皇帝于1749年在这里修建了一座华丽的大理石宅院作为行宫。它向东面对着练兵场，一块大石碑上还刻有乾隆本人的印章。它似乎已完全废弃，然而，转瞬之间，我的眼前出现了幻象：威武的皇帝闲来无事，坐在那里注视着这片松林，而这些松树就是他屏息肃立的士兵。

寄托人类情感的树木

张宝贵先生是北京一位著名的树木研究专家。张先生的卷尺一刻都不离手，近20年来，他利用业余时间考察了北京城各处的树木。他穿着整洁的蓝色中山装，是个谦逊寡言的人，但在谈及树木时，他就变得滔滔不绝了。他想让更多的人了解北京的这些珍宝；他的热情很快就感染了其他人。我很感激他慷慨地向我介绍他的许多"沉默的朋友"。

张先生讲起了故宫御花园里的龙爪槐，那是北京最大的一棵龙爪槐树。经他测量，龙爪槐的树干周长达到了三米。它卷曲的枝叶构成了华丽的树冠。如此壮观的槐树是北京特有的理想树种，能够与故宫宏伟的建筑相匹配。

他说，那对组合在一起的柏树象征着永不分离的夫妇；其枝干弯曲成"人"字形，好像是在握手或拥抱。他提到，末代皇帝和他的皇后曾在"连理柏"前合影留念，因为那是天长地久的爱情的象征。张先生在研究树木的过程中了解到，人们在很多树木上寄托了人类的情感，有时是爱，有时是愤怒和复仇的情绪。

就说说孔庙里的柏树吧。由于孔子受到历代皇帝的推崇，地位高高在上，所以孔庙建筑采用了黄色琉璃瓦屋顶，从而表明这也是一处皇家建筑。

孔庙最有名的树木是一棵罗汉柏，坚硬的树干上有突出的粗大树节。它生长在通向大殿的台阶以西，大殿就是人们举行诸多仪式纪念这位圣人的地方。这棵树的传奇名称是"触奸柏"，因为它的一条枝干曾经击落过一个奸臣的帽子，使他受到羞辱。于是这棵将近700岁的古树被认为能够辨别忠奸。张先生写道："这让我感到惊奇。树木被赋予强烈的人类感情。"

他讲述的故事确实让我对御花园里的大树另眼相看。数百年来，园丁们用灵巧的双手剪枝、支撑树干、修整弯曲角度，把它们精心培植成了帝国最精致的树

木。供奉水神的大殿前有一棵白皮松被弯成了俯伏的姿式，好像在向大殿跪拜。另一棵龙爪枣树虽然没有那么古老，但同样与众不同。它的树枝尖端全部紧紧地卷曲着，就像是以秋季天空为背景、用淘气的树皮变形虫制作的现代艺术品。它们的感情是怎样的？

墓地的标志

闪闪发光的树为坟墓增辉

　　找到北京周边残留的坟墓遗迹并不总那么容易，但是，总会有一片高大的树木标志着它们的存在。雕刻精美的石棺可能已经毁坏殆尽，但周围的树木肯定保持着原貌。

　　白皮松引着我找到了瑞王坟。该陵园占地4000平方米，墓主人是清朝嘉庆皇帝的皇孙。他父亲的坟墓也叫瑞王坟，位于南面的石景山区。我们所说的瑞王坟坐落在北京农科院林业果树研究所院内一条偏僻的小道旁，很好找，西五环路正好从它前方经过。坟墓上覆盖着的

小白皮松林就像生日蛋糕上长长的蜡烛，在有六条车道的宽阔的快速路上就能看到。

我第一次前往那里时，研究所的王先生首先带我参观了他们在果园里的工作环境，然后带我进入墓地。道路两旁栽种着高大的松树，还有一块同样高大的石碑坐在巨型雕龙底座上。它修建于1851年，高耸的铁锈色外墙围住了陵园。王爷一直患病，没有任何子嗣，但他在皇室中的地位确保他在死后能有一座华丽的墓室。

有一所音乐学校现在占用了陵墓的大殿，大殿屋顶上仍然铺着与众不同的青边黑瓦。残留的东西已经很少，只有躺倒的大理石墓墙的几块残片，上面已经长满了野草。地宫中随葬的珍宝早就被洗劫一空，此后它一直用来储存杀虫剂。然而，最壮观的依然是那些树木，那18棵闪闪发光的白皮松继续保护着瑞王爷的遗产。

裕陵守墓人、古松和杏花

1995年1月21日下午，我们驱车出城，北上明十三陵。我们游览了群山环抱的裕陵。驶上那条碎石路，高大松树掩映的裕陵就进入了我们的视野；看守人老徐已在入口处迎接我们，他是我们的老朋友了。

我们总能在通往裕陵之路的西边庄稼地里找到老徐，或者看到他牵着一匹黑马走路。无论何时我们离老远喊他："老徐，我们回来啦！"他都会放下手头的活计，与我们聊天。我们吃饭的时候，他通常远远地坐着。我们会一起围着裕陵散步，他给我们讲述自己所了解的历史。毕竟，他们村子已经守墓守了好几百年了！

那是我的爱犬奈基可以在草地上自由自在地撒欢儿的日子。那里几乎是我在北京唯一敢让它四处奔跑的地方。我们爬上角楼向下看，明陵所处的山谷尽收眼底。

这让我们回忆起 20 世纪 80 年代初经常来这里的情景，当时外国人去北京城外的地方受到限制。十三陵是可以去的地方之一，因此我们一年四季经常来这里。春天，从裕陵围墙向外一望，一向荒凉的山谷，这时变成了花海，淡粉色的杏花次第开放，颇为壮观。

我还记得 1985 年冬天一个滴水成冰的日子，与两个外国家庭及一些日本朋友在宰牲亭的废墟上一起吃火锅的情景。半面围拢的围墙使我们免受刺骨寒风的侵袭。我们全都浑身冰凉，沿着裕陵高高的红墙和残破的黄瓦跑上一圈，才慢慢暖和起来。此后这成了我们每次参观裕陵的一个惯例。

每次到这里来就等于野餐一次。我们用碎石头摆成野餐用的桌子和凳子，不断地到这里来，又吃又喝，又唱又跳，直到 2001 年这个地区全部封闭。我从来没有想到我们这么做是对陵区的亵渎，而认为这是出于对这个长满高大古松的孤寂之地的景仰。

在研究裕陵及葬在里面的皇帝的历史之前，我就爱上了这个地方。这个皇帝是独一无二的，曾经两次登基。老徐告诉了我很多详情。正统皇帝（后来成了天顺皇帝）1436 年至 1464 年在位，其间的 1449 至 1456 年是他的兄弟称帝，为明朝的第七位皇帝。正统皇帝被蒙古人俘虏后，他的兄弟登基即位；他后来得到释放，却又被自己人关押在紫禁城达六年之久，无怪乎他的支持者再次得势之后，对他那病魔缠身的兄弟进行了报复，将其推翻，并在其死后将其葬到西山附近的一个卑微的墓地。裕陵据说不到四个月就建成了。这位二度登基的皇帝 38 岁驾崩，与他合葬的是他的两位皇后。

我每次回去都要拍摄那里的松树，松枝斜垂，如长袖飘飘，轻拂墓碑，这是这位两次登基的皇帝精神的自然延伸。老徐已经退休了，但他经常牵着那匹黑马到田里来。我们还会跟他打招呼：“老徐，我们又回来啦！”

树的昵称

黑白龙庙

　　在门头沟区永定河穿越群山的地方，两条重要的道路交汇在下苇甸村。交汇处一个小土堆上有一座破旧的寺庙，两棵800岁的柏树几乎完全挡住了它。它们的枝枝杈杈盘结在一

起，像一只大章鱼飞起的触角，在破墙上面向各个方向伸了开去。村民们将这两棵树称做"黑龙"和"白龙"，相信它们是保护他们不受河里妖精侵犯的龙神。

我叫住一位白须老人。这位姓刘的先生告诉我，他已经90岁了，一辈子的大部分时间都是在这个村子里度过的。他挂着一根拐杖保持平衡，但健步如飞。他深吸了一口褐色的烟斗，骄傲地说，这条河从前要比现在宽得多，也危险得多。"我们经常到这里给庙里的神灵上供。不过，我们这里没有庙会。"他接着说，"我们去妙峰山赶庙会，因为那儿离这里很近。庙里的和尚在村子里有个住处，但1949年解放后就干起了其他的营生。"

我们一起沿着杂草丛生的石阶走上古庙的一座大殿。梁上的彩绘隐隐约约，墙上的图画也剥落了。老刘说："60年代之前，这些彩绘还很清楚、漂亮，但是，孩子，我们的孩子把这些画全刮了！"这两棵树的岁数比这座古庙还大，树皮上深深浅浅，都是刻刀留下的划痕。老刘转向我，咧嘴笑笑，指着被截断的一个树枝，说："这是今年夏天闪电时遭的雷击。"有些人肯定还相信这两棵树的神力，因为黑白龙庙里还有人们敬奉的食品和香火。

"亚军"和牧羊人一家

昌平区有一棵罕见的"青檀"，伫立在檀峪村北面。尽管青檀树皮作为优质宣纸的原料很出名，但一瞥之下，我就知道这是一种我从未见过的树。斑驳的树皮和空洞的树干诉说着它

的独特与久远。树上一些地方看上去很像太湖石，粗糙的表面有一些奇特的孔洞。树根像粗藤一样缠绕着周围的岩石，又像倾斜的瀑布一样散落在地面上。

后长出来的枝干如竹节般一段段向外伸展着，郁郁葱葱的。这些新树中，有一些可能也超过500年了；尽管上面的叶子很小，树枝还是为争取阳光向各个方向伸展着。这些互相连接、层层叠叠的树枝让人一下就想到它的名字"亚军"；它得到这么一个名字的原因，据信它是全北京树龄第二高的树。那些伸展开去的树干就像集合在一个高级将领面前的一群军官。这棵奇特的树为什么在1500年前栽植在这里，是一个不解之谜。

我在冬天又去了一次。光秃秃的枝干使那脱色、斑驳的树皮更显突兀。老一些的树枝轻触着鲜嫩的树枝，就像母亲环抱着孩子的手臂。我在后面的土丘上发现了一个庙，庙里只有一座殿堂，最近还装饰过新年的红色饰物。我走进殿堂，被一个粗糙朴素的观音及两个侍童的塑像吸引住了，他们身上都披着黄色的披风。供桌上熟透的柿子和焚尽的香火说明前不久还有人来拜祭过。这不是一个正式的寺庙，但是，对于那些心怀感激、相信某种比自己更大的东西的虔信者来说，这里自有一种深沉的

宗教氛围。

83岁的姚景全是村里的长者，他迫不及待地向我讲述他所知道的一切。他穿着钉有铜钮扣的绿军装，带着一顶皮帽。他说，先有的树，然后才有这个村子，村子其实是以树命名的。他不知道是谁种下了这些树，但树种可能是从南方带来的。

他让我到他家里坐坐、聊聊。因为他年长，我想出于礼貌我也应该去。他家是一个简单的院子，墙是用石头和土垒成的。冬日的太阳将这里晒得暖暖的，我坐在他家的客厅里，喝着热水，他16岁的孙女就站在旁边。姚老汉摘下帽子，光秃秃的头顶闪闪发亮。"我一辈子都是个农民。"他们不在村里举行特别的活动，每年都会和周围八个村子的人一起去和平寺（据说比北京的历史还古老）赶庙会。他说，那里也有一些非常古老的树。

"谁也不敢砍我们的青檀树，"他继续说道，"它们至少有1500年的历史了。"他还说到一句古话："千年松，万年柏，不信问问更老的槐。"姚老又说："青檀树只能在那里生长。可能是因为石头的关系吧。"看来青檀的生长离不开山上的石头；他们曾试着在土地上栽一些青檀树苗，可是都死了。

他孙女姚春燕说，吃过午饭，她一定会带我们去转转。她的语气如此直率，我想，如果我拒绝女孩的盛情邀请，那就是不敬了。

这时，她父亲、50岁的牧羊人姚长亮回来做饭。让我吃惊的是，他说庙里的佛像是他雕的。"我没文化，但是我信佛，用我的双手表明我的尊敬。我只能在晚上干活，所以，要花差

不多一个月的时间才能塑成。"

以这种自然而然的方式，我同牧羊人和他的家人共进午餐。我为他们的盛情所深深感动，另外，我还为牧羊人姚长亮让女儿受良好教育的渴望以及他自己的精神信仰所感动。这雕像是他以虔诚之心塑造出来的。他们从地窖里取出香甜的冻柿子给我吃，这让我想起了供桌上的柿子。谁种下了这棵青檀树仍旧是个谜，但观音庙背后涌动的力量却清晰可辨。

"兄弟树：柏抱槐"

两棵不同的树的枝干盘绕在一起生长，人们就会给它们取一个特殊的名字。北京地区有许多这样的树，它们的名字多半都会是一棵树抱另一棵树。天坛公园有一棵上千年的古柏，它的枝干上盘着一棵生长了几百年的龙爪槐树。这两棵树的昵称是"兄弟树：柏抱槐"，它们的相依相伴是一种兄弟式的互相依赖。这里有许多棵年龄相仿的古柏，说明这个公园在明代被称为"天坛"之前，一定是一个幽静葱郁的所在。

1986年夏末的一个晚上，我们一家人同朋友在天坛的柏树下野餐。夜幕降临后，我们的聚会还持续了许久，结果我们被锁在了里面，却浑然不知。我们从一扇紧锁的大门跑到另一扇紧锁的大门，最后很多人都决定放弃，干脆在公园里过夜算了。那晚的满月照

射在祈年殿圆形屋顶深蓝色的琉璃瓦上，熠熠生辉，美极了；于是，我们走回那片柏树林继续饮酒，而那些柏树伫立在那里，就像参加我们欢宴的幽灵。

大约到了午夜，终于有人找到一个保安打开门放我们出去，我们几乎是很不情愿地离开了。从此，夜晚如泻的月光又让祈年殿和古树带多了一重光芒，而那一晚的皓月则让我对微微泛光的碧瓦和陪伴我们的"兄弟树"若隐若现的神秘轮廓肃然起敬。

盘龙松和贡栗

9月份一个热得出奇的下午，我在黑山寨村北山上的延寿寺发现了两棵有别称的树。三个和尚正在重修延寿寺，它始建于明朝，但寺内的两棵油松肯定年纪更大。一棵已经800多岁了，因为它的虬枝盘根错节，号称"盘龙松"。另一棵叫"凤凰松"，长在附近的山坡上，已经有500多岁了，其枝条盘旋向上，仿佛振翅欲飞。

寺内，延寿圣水从石雕的龙嘴里汩汩流

出，据说这种泉水具有延年益寿的功效，因为是从寺后黑山下面的岩层中流出来的。

通往延寿寺的山路两旁长着有500年树龄的栗树，据说是"贡栗"，因为在清朝，这里产的栗子都要晋献给皇上。当地一位农民说："现在这些栗子都出口日本，一斤可以卖八块钱，我一年能收800斤。告诉我怎么才能直接出口日本？我听说这种栗子在东京价钱要翻好多倍！"那些在东京火车站500克卖1000日圆（80元人民币）的"天津甜栗"，价格真是高得惊人。它们只是通过天津出口，实际上很多栗子都是黑山寨产的"贡栗"。

大排档里的"枣树王"

西单路口是北京最繁华的地方之一，也是最时尚的一个地方，因为这里有许多专卖店，很是迎合那些赶时髦的年轻人。在2月份异常温暖的一天，我漫步走在"民族大世界"熙熙攘攘的小服装铺里。我抬头一望，才发现自己正身处过去的一座额驸府中。这个宅子变成了一个临时商场，其内部装修被改造了，取而代之的是一个个小隔间。

鞋子、外套、毛衣、太阳镜，等等等等，都堆在这里甩卖。这是年轻人买便宜货的地方。

房屋中间的庭院也被改造为一个个小摊位。一面墙上挂满了仿造的、带有红五星的红卫兵挎包。近旁的一个露天餐馆售卖煎饼、面条之类的中式快餐，不过可选品种不多。出乎我意料的是，我在凌乱的白色塑料桌和脏兮兮的太阳伞中间发现了一棵粗壮的大枣树，过去它肯定是独占这个院子的。它看上去确实很老，有500多岁了。旁边的一块牌子上写着这棵树的一点资料，也提醒人们不要破坏它，因为这是"北京第一枣树"。古老的枣树，周围涌动的年轻气氛，这种对比让我受到了震撼。

从15世纪起，这里是（江苏）常州人的会馆，书生们可以待在这里，参加每三年举行一次的殿试。17世纪中叶，这里成了一座额驸府，是吴应熊的宅邸，他娶了公主为妻。他们的政治联姻是为了辖制势力强大的吴氏家族，让他们忠实于满清政府。吴的父亲吴三桂是让满族军队通过山海关推翻明朝的守将。后来，这所宅子成了满洲八旗子弟的一个学院，民国时期还曾是蒙古族和藏族学校。

老树凋敝的枝干下，是两个叫卖糖葫芦的女孩子。我花三块钱买了两串冰糖葫芦，尽享这美味的冬令小吃。这让我对这棵古树的境遇多少有了些欣慰；人们至少在吃饭的时候会停下来看看它！

卖煤人回忆坑坑洼洼的路

一条崎岖不平的土路蜿蜒折回高井村，中途经过一座小庙。三棵高低参差的柏树从墙里探出头来，其中一棵已经死去，另外两棵也已经奄奄一息，耷拉着落满灰尘的树叶。庙门紧锁着，但我透过门缝向里张望，看到一条凶猛的狗守护着里面的废墟。古老的翠云庵已经与从前大不相同，四周的环境完全被附近的发电厂破坏了。在1997年7月3日那个酷热难耐的日子里，三个大烟囱里冒出的浓烟郁积在空气中。

70岁的白连际曾是一位卖煤人，他光着脊梁站在这座小小的明代尼庵的门口，迫不及待地要讲讲往事。"这里从前都是我们村的地方。"他边说边伸手比划着，"可是，发电站只给了我们一点钱，就把地占了。"

他继续娓娓道来："我记得这里过去有一座宝塔，上面的铭文说，这里是路那头法海寺的僧人们的墓地，算是一座附属的寺庙吧。"老白还记得这里居住的最后一位

僧人。他转过身指着那些古柏说,"我几乎每天都要看看它们。"

他说:"你能想到的活儿我都干过!务农,经商,做工,还当过人民公社的社员!不过,最主要的还是送煤。

"我过去每个星期都赶着马车上北京。从这儿到阜成门有 20 多公里。那路真是没法走,坑坑洼洼,全是石头,我得特别小心。一个来回需要两天。我从不休息,一趟活儿都没耽误过。"在 20 世纪 50 年代,每吨煤的价格是 40 元,现在的价格则是 200 多元。

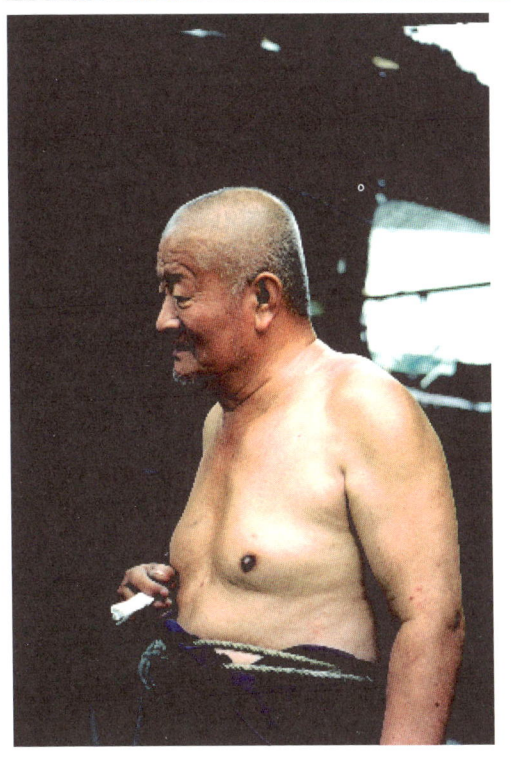

"民国时候的教育总长朱启钤是我的主顾。然后,日本人入侵了。八路军进驻北京以后,中山公园的负责人也想买我的煤。"老白停顿了一会儿,重新系好裤腰带。"我还往西四北边南卫胡同的画家陈半丁家送过煤。"他还记得自己送煤的路线。

"要搁以前,你们这些外国人可不能像现在这样到这儿来。我得举报你。可我认识一个姓傅的美国人,他也买我的煤。你知道那个天主教公墓吗?我还往那儿送煤。"他停下来,大笑道,"不,当然不是给死人,是给守墓人的!"

老白现在已经不再卖煤。他平静地生活在这三个烟囱和三棵柏树之间,回忆着煤曾在每个人的生活中占据的重要位置。

装饰树

好运和装点古树的祈福者

西山八大处有许多历史可以追溯到7世纪的碑铭和传说。好几座寺庙的庭院里都有许多古树，证明着它们的古老。树上有时会装饰着香客们挂上去的纸条，这是他们的宗教仪式的一部分，很像是一种树木崇拜。

四处大悲寺的庭院里就有两棵生长了800多年的银杏树。我在一个冰天雪地的日子爬上西山，看看农历新年过后人们将这两棵树装点成了什么样子。在枝枝杈杈中间，每一个能绑东西的地方都系满了寄托美好愿望的红色小灯笼，充满了节日的气氛。它们就像常年伫立在那里的古老的圣诞树。

沿着山路往上走到六处香界寺，我发现寺内著名的松树——龙松——上面没有一点装饰；也许把这样一棵古老而著名的"龙松"装扮得花花绿绿，看上去会有些不太对劲。而后院正殿门前的庆祝活动仍在继续。这里的两棵娑罗树据说是建造这所寺庙的和尚在1000多年前亲手栽种的，它们深深吸引了我的注意。

不幸的是，其中的一棵已近死亡，但那干枯的躯干仍然受到游人的爱戴，因为他们知道了生命的脆弱。

　　就像前面提到的，娑罗树，或者叫"七叶树"，是佛教的一种圣树，因为释迦牟尼在印度北部拘尸那的娑罗树下涅槃，所以娑罗树很受人尊重。据说，它们在白雪覆盖的树林中吐露新芽，所有娑罗树一下子都开满了白花，像一群群仙鹤在空中飞舞。不过，香界寺的娑罗树却被人们装饰成了"红花"。

　　花上五元钱，你就能买到一个代表各种心愿的红丝带，如健康长寿、婚姻美满等等。我选了一个增智长慧的丝带，将我的名字写在下面。我抓住一个向外伸展的枝杈，将我的祈福

条挂在神圣的娑罗树上，与另外成千上万个梦想融汇在一起。

裹绶带的神树

跳入我视线的，是一棵树干上裹着亮红色布带的树，它巍然耸立，俯视着周围的村落。你立刻就会明白这棵树对在京北解字石村生活的人们来说有着特殊的意义。每当我经过此地，这座山村独特的景色、那棵高高挺立的松树和那条亮红色的绶带都让我着迷。我知道这一定是一座古庙的标志，但是，直到2003年1月，我才下定决心走上山村小路，探问那古老的故事。残雪在地面上被风吹得游来荡去；72岁的张士新先生出现在阳光里，他在这里出生，在这里长大。他称那棵披了红的树为神树。

这棵树的树干直径有一米多，它可能已经有1000多年的历史。老张回忆道："这棵树从前有许多伸展出去的枝杈，不管是刮大风、微风还是不刮风，都会发出呜呜的响声。我们一听到这种声音，就知道它又显灵了。"

树脚下是三个小香炉和一些祭品，说明人们还在拜祭这棵神树。在农历除夕和正月十五，村民都要在这棵树周围庆祝；拜祭过树之后，人们就开始扭秧歌、踩高跷、跑旱船、放

鞭炮。

老张蹲在一个树桩上，向我讲述了当地的另一段传说。过去，一个村民曾爬到这棵树上砍树枝，当天晚上就开始背疼，此后再也没有站起来。母亲们将这个故事讲给孩子们听，告诫他们不要砍树。他们还说，这棵树的汁液像血一样是红色的，更证明了它的神奇。

然而，常年的干旱甚至也影响了这棵树。许多枝权干枯死去，那奇特的呜呜声也不常听到了。"从前，这棵树后面有一座山神庙，"老张说道。"庙给扒了。但是，1968年政府修路时，村民还是设法保住了这棵树。那些人砍了许多古树，但没有人敢碰这棵树。我们没让他们砍。"他骄傲地看看背后的那株神树。

老张继续说道："为什么是红布呢？缠红布表达特殊的愿望。人们如果想召唤树精帮助

他们，就换一条新的。不光是我们村的人，就是邻村的也到这里拜呢。"他们说，有一个山东女子说她在洗脸盆里看到了这棵树的影子，就一路跟着影子，寻到此处。

村名的意思是"一块刻着未解之谜的石头"。老张说他见过这块石头，大概有两米见方，上面有一个手印和马蹄印，还有一行字，但是没有人知道写的是什么。即便是大学里来的专家也不能破解这个谜。解字石的解字读"谢"。这块石头现在埋在村里的水库底，保存起来。

像许多偏僻小山村一样，这里的村民一贫如洗，年轻人都跑到其他地方找工作。村里60户人家靠出售山楂和杏仁获得的微薄收入过活。但是，这里的生活并不严酷。尽管这是一个贫困的山村，村民们还是守着一棵了不起的

树，一棵他们奋不顾身保卫的树，一棵他们当作本地精灵一直尊敬的树。

寿槐系上红丝带

道教东岳庙因其新年的"庙会"而名闻遐迩。院里一棵高大的、有点倾斜的"寿槐"上挂满了小丝带，每条丝带上都写着祈福者的名字。另一个习俗是逆时针绕着树走三圈，可能是为了长寿，也可能是为了获得更多的幸福。它确实透出一种神秘，不仅因为它的古老，还因为它同道教的神秘联系。在这座道观建成之前，这棵树就在那里了。建道观的道士一直照顾着这棵树，以后的20代道士都一直呵护它。

2002年农历大年初二，我来到这座道观。熙熙攘攘的人群争先恐后地奔过去围拢在树周围。能进入道观，感觉真好；20多年来，我曾多次试图走进这座道观，但一直没能如愿。直到1998年，前院一直是公安局的办公处。我认为这里有警察是再合适不过的，因为那里有76司分别设在72间厈殿内，每司一个判官，走廊里的神龛还画有讲述这些故事的彩画。这是鼓励人们行善事的一种道德指导。古代，这里还有描绘生前做恶事的人在地狱中遭惩罚的壁画和雕塑。

在我看来，最可怕的一种惩罚就是，一个媳妇不愿让婆婆睡在炕上最暖和的位置，她死后就会在地狱里的炕上被活活烤死。在日本有一种暖桌，我希望我自己总能把最舒服的一个位置留给我的婆婆。但我还是在树下多走了几圈，并在树上系上了一条红丝带，以此祈福。

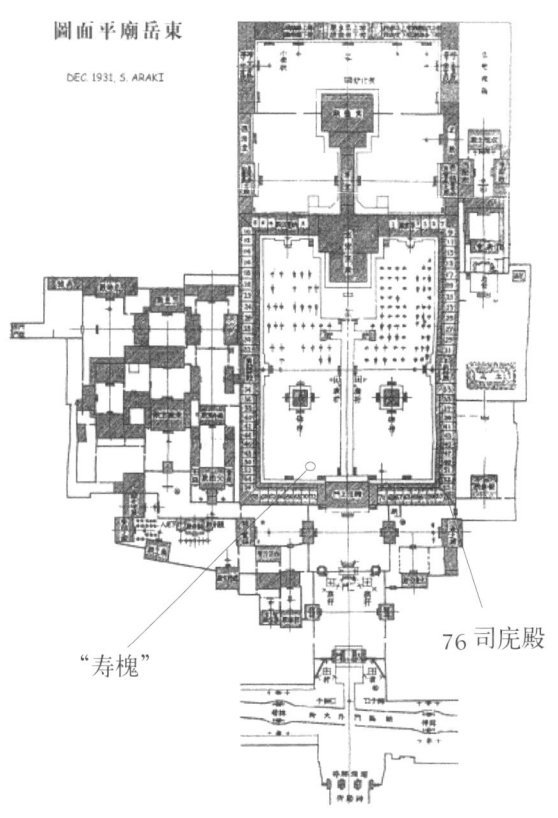

圆面平庙岳东

DEC 1931, S. ARAKI

"寿槐"

76司厈殿

聆听空中管乐

位于北京市中心的宋庆龄故居是一座保存完好的清朝亲王花园。花园前院傲然挺立着一棵高大的"凤凰国槐",国父孙中山的夫人宋庆龄过去经常在这棵枝繁叶茂的树下小憩。花园中院有一对海棠树,春天繁花盛开,煞是好看。

这座花园里还住着一大群鸽子。未见鸽子先闻其声,那是一种疾飞吹动的电线发出的奇怪声音,在北京居民区的上空划过。大多数人不会在意这种特别的声音,除非他们知道这种特别的空中管乐来自一群尾巴上带哨子的鸽子。这是一个古老风俗,在北京尤其如此。

数百年来,养鸽子——买鸽卖鸽,训鸽赛鸽,给鸽子安鸽哨——一直是北京市民的消遣方式之一。就连宋庆龄也是一位赏鸽内行,此事有她喂鸽子的照片为证。有人可能认为"文化大革命"结束或楼房取代平房之后,养鸽的习俗已经绝迹,其实不然。养鸽子的热潮正在卷土重来。

51岁的郑战军是宋庆龄故居一名普通的清洁工人,可一谈起鸽子就成了一位充满热情、见多识广的行家。甚至在20世纪60年代北京最艰苦的日子里——当时粮食短缺,养鸽子被视为"资产阶级习气"而遭到唾弃——郑战军还拿出自己的口粮并搜罗大米和其他饲料养了几只鸽子。

他带我参观了鸽舍,说明了鸽嘴、前额、尾巴和羽毛的明显特征。"这些鼻羽,又称'凤',表明这是好品种,"他又道。他总共有12种鸽子,每一种都有自己独特的颜色。它们都有外号:"雪梅",全身雪白,头呈红褐色;"墨环",颈部羽毛有一道黑圈;全身黑色的鸽子则被称为"黑灶"。

老郑的鸽子飞起来也是哨声齐鸣。他从口袋里掏出三种不同的鸽哨,演示如何将鸽哨绑在鸽尾上。然后他把60只鸽子从铁丝网围成的鸽舍中引出,轰飞起来,并挥舞着上端系红布条的竹竿,让它们不停地飞。他说："不飞我就不喂它们，因为有些鸽子很懒，如果喂了它们，这些懒鸽子就不愿飞了。"鸽群在空中盘旋飞翔时，老郑的"交响乐"顿时在空中回响。

为了让鸽群回来，他派了几只留在房顶的鸽子去找它们，让它们知道该回家了。鸽群在空中盘旋好几圈，然后才落在特别的降落地点——黄四绿的瓦片上，就像飞机寻找跑道一样。就连那些高层住宅楼上搭建的临时鸽舍也有让鸽群辨认回家的标记。

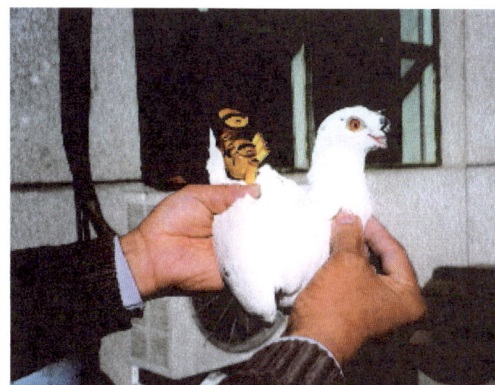

北京城外的齐家庄有一位52岁的鸽哨大师，名叫王学章。2001年1月我去他的作坊拜访了他。他说："鸽哨有两种：一是竹子做的'哨'，一是由小葫芦做的'葫芦'。竹哨越长，音调越高。'葫芦'则发出低沉的声音。"尺寸和音孔不同，音色各异，"葫芦"能够产生全部和声。

他那结满老茧的双手就是他从业30年的证明。他拿刀子在竹哨弯曲处切了个口，向我展示如何小心操刀。他说："我做一个普通的鸽哨需要一天，做一个带有三个口子的葫芦哨需要七到十天。"

老王拿出一个小葫芦切削打磨，直到葫芦近乎透明，然后放在暖气上烘干，这是制作又轻又薄的鸽哨的开始。做鸽哨是个细活，干活的时候，如果老伴叫他，他也不会答理，因为即使一点点干扰分心都会使他前功尽弃。老王的杰作有15个音调，简直像把口琴。

老王不需要兜售他的作品，都是买主上门找他，做工复杂精细的鸽哨一个卖300元左右。但是他的得意之作不卖，因为他要用来做样品。他制作的所有鸽哨都在底下签上一个"章"字，那是他名字的最后一个字。

老王一面跟我说话，一面拿出新做好的鸽哨与他15岁时做的第一件作品进行比较。当鸽群从空中掠过，老王细心聆听着，那多音色的葫芦哨给"空中管乐"平添了一种深沉的和声。

危难中的树

树影徘徊在消失的院落

　　工地整晚都在忙碌。老四合院的房屋都被推倒了，只有院子里的老树还屹立在原来的位置，等待着从现代城市规划中剔除，抑或融入其中。当破坏和修建不断延续的时候，就会出现一些怪诞的景象。一大片空地上挺立着柿子树、洋槐和枣树，旁边却没有四四方

的围墙。一眼望去，这一片片空地上没有一间住宅，你只能在脑海中想象过去的居民区是什么样子。

我走进为 2002 年重新规划而拆迁的一个地方。傍晚建筑工地的灯光将依然挺立在那里的老树的影子映在附近巨大的现代建筑上，影影绰绰的。我来得正是时候。空地的一角仍然矗立着过去某座古寺的一个小殿。小殿的主人不愿搬走，他是庙里最后一个和尚的儿子，他的父亲在解放后还俗结了婚。因为是第四个儿子，所以人们称他为"小四儿"，附近的人总是叫他"老和尚家小四儿"。因为他体弱多病的母亲和他住在这里，所以他不愿意搬，但他是这里的最后一个"钉子户"，面临很大的拆迁压力。

对我来说，幸运的是，"小四儿"在铁塔寺蒸发之前带着我看了看这座寺庙最后的痕迹。"看那块石头，"他指着一块刻着图案的青石板说。他还将地基里的一块石头、原来的围墙和几根木头柱子指给我看。

我过去好几次试图照着旧地图找这个地方，但都没有找到。1986 年，我骑自行车围着这里转了一圈，但是庙门被一个工厂堵住了。其实，一条街道早已从寺庙中间穿过去，将树木隔在两旁。附近的人说，一座高高的砖基座上原来有一座小铁塔，但在 1968 年被推倒了。如今，后院是一个顶上竖着天线的大楼，我称之为"新铁塔"。

旧时，这里的庙会以出售各种各样的风筝闻名。有人还记得，过去的一座大殿里有一个老和尚端坐的肉身。"我们当时还小。我们跑进去，偷出一个塑像的绣花鞋，轮流摸着'佛祖'。鞋很软。"有人说那具干尸也可能是明永乐皇帝二皇子的遗骸，他的尸体陈放在这里，最后披上了黄袍。

2002年的夏天，古庙最后的一点痕迹——"小四儿"的家被推倒，剩下的那棵树大限也快到了。"老和尚家小四儿"和母亲搬到了东郊。至少，那里再没有人叫他这个尴尬的绰号了。

城市牛仔部落旁的朽树

黄庄里住的都是民工。他们租住石景山区政府的房子，每一个聚居区看上去都代表了不同省份遥远的村庄。以前大慈寺的所在地如今是河南人居住的地方。除了老人，所有人似乎都习惯了北京的新生活。我第一次来的时候，他们问我是否到过著名的少林寺。他们对我的肯定答案很高兴，并邀请我到他们家里去。

这里的居民中有一种非常轻松的友情。作为这座城市收入最低的人，他们非常团结，一起讨生活。孩子们穿得很整洁，他们正排着队接受区里提供的每年一次的疫苗注射。小区里

到处都是三轮车，它们的任务是将工地的垃圾运出去。门口都放着摩托车。这些忙碌的民工就像充满拓荒精神的牛仔。

他们的三轮车后面是两个高高的大理石碑。小区的负责人主动将碑上的土弄掉，好让我看清上面的字。驮着石碑的是一个陷进泥土的石龟，其他人也用抹布将石龟上的土抹掉。显然，这不是一个普通的地方。上面的碑文说这里是掌管皇家马厩的一位太监的地产。1605年，太监卢永寿选择在这个叫做"五芳院"的

地方修建一座寺庙。这里原来有三个大的院落，如今却成了一个尘土飞扬的棚户区。

两棵柏树和两座石碑矗立在原本是正殿的地方。1996年我第一次拜访这里的时候，这两棵树挺立在这两座石碑背后。在密密麻麻紧挨着的小屋中间，这两棵树看上去很奇怪。当我2001年再来的时候，这两棵树都已经干枯，毫无生气的树枝伸出去，像雕塑一样永远矗立在那里。这也许是一件自然而然的事情，但是，因为周围的凌乱，这两棵树就像经历了一次自

杀。来来回回的民工们太忙碌了，他们根本注意不到这些树。不过，他们还是认为保护这两块碑很重要；毕竟，石碑上说了，他们自己在北京的临时居所也是御马官最终的安息之地。

烟花和手语

1997年农历新年前两个星期，三河镇的主路上挤满烟花爆竹摊，摊上卖火箭、花炮或普通的爆竹。自从北京禁放烟花爆竹以来，人们要买爆竹、放爆竹就得到北京的农村地区或邻近的河北省去。就像从一个禁酒县开车出来，看到卖酒的商店和酒吧一样，一到这里就知道出了北京边界。

一个男子的一盘三挂一百响的鞭炮才卖40元。这里有诸如"起火"、"沉月"、"二踢脚"等鞭炮，是一个买方市场，就连专业的烟花也能买到。一位老太太叫卖说："这个炸雷跟五年前在天安门广场上燃放的一样，能放30秒钟，才卖100元！"

夹杂在爆竹摊中间的是卖年画的小贩。大多数年画都摊在地上。这里还有至少四种不同的毛泽东像，两边都带有语意吉祥的红色对联——这些画像表现的都是毛主席下巴有痣的那一侧面庞。

这个热闹的市场正北是安静的灵山村。一座五层八角的砖塔屹立在山上。这就是灵山塔。一个肩扛大箱子的男子正在下山，木箱子上有精美的铜饰。我们以为他要到镇上卖箱子，就问他能不能卖给我们。他喉咙里发出了很粗的声音，一个妇女赶紧帮着解释说他不能说话。通过他打的各种各样的手语，我们明白他不会卖掉自己的箱子，因为它对他非常重要。

于是我们打听起了当地的历史。男子打着自己的手语开始讲故事，显然他对这个故事感触很深。他摇头晃脑，挥舞着手臂，妇女帮着翻译。他翘起大拇指，指着下巴，转动着眼珠（"在毛泽东时代"），接着睁大双眼，挺起胸膛（"来了一个高级干部"），双手划了一个很大的圈，做了一个砍的动作（"他砍倒了这里的一棵高大的古树"），接着又是一番比划，说明这棵古树过去几百年来如何保佑着古塔和村子。自从古树被砍掉以后，村子里的"风水"变了，村里人都交了厄运。

他是这座山和佛塔的看护人，每天扛着箱子上山，然后再扛回村里父母家。他打开铜锁，让我们看箱子里的东西，都是从山里捡的垃圾和瓶瓶罐罐。他靠卖废品获得一点微薄的收入。春节期间灵山上燃放的烟花爆竹他听不见，但是他可以捡到很多垃圾放到箱子里。男子扛起箱子下山了，留给我们的是他富有感染力的交流方式，以及他对失去古树的痛切感受。

鬼魂出没的寺庙

早春的一天，我去拜访仙台村，还没看到任何寺庙的屋顶就看到了古树高高伸出的枝桠。它们引领着我来到村中心，村里的庙前有一块空地。凤翔寺正在翻修，村里的一块招牌甚至在为此事做广告。从石基就可看出原来寺庙的规模，它原有七间大殿，现在只剩下一间大殿和两间配殿。据说，寺庙的历史也许可以追溯到唐代，大约1200年前；或许那些古树的存在证实了这一点。

院子里的两棵柏树正经历着生死考验，枝杈有一半都枯死了，就像是有什么鬼魂回来纠缠活着的兄弟。村民们已经将寺庙的地面重新铺砌；也许，曾经生机勃勃的树根正在遭到窒息。干枯树皮上深深的褶皱说明它们显然很脆弱，但是，它们的生命还没有完全终止。它们依然活着，作为依然幸存的废墟，将它们那高贵、奇异的枝桠从周围的乡居中傲然挺起。

"琉球驿馆"繁花盛开的果树

古代的琉球群岛（即今天的日本冲绳县）同东亚和东南亚的贸易往来频繁，各种货物诸如中国生丝和日本刀经常通过琉球商人进行运转。甚至处于南九州的岛津氏控制下的时候，琉球王国仍一直同中国做贸易。

过去，周边国家向中国派遣使团纳贡称臣是惯例；这是古代中国外交的一贯做法。14世纪以后，琉球国王同中国统治者之间的进贡关系几乎延续了500年。琉球使团进贡回来，往往要带一些备受珍视的中国丝绸到日本去。

18世纪末，到中国都城朝觐的外国贡使都住在朝廷在南城所设的驿馆——会同馆内；实际上，在50多年时间里，这个驿馆一直是清朝的国宾馆。会同馆坐落在一条名叫南横街的窄街上，布局仍然保存完整，跟琉球贡使当年在这里下榻时没有什么两样。

当皇宫附近的外国使节下榻处人满为患时，政府开始在皇城之外寻找地方，把明朝的兵马司进行了改造和重新装修，用来接待官方贵宾。我2001年来参观时，两个大殿和一些配殿还在。

宋树泽先生已经在那里工作了50多年，虽然具体负责的岗位已调换过几次。他解释说，来自琉球、缅甸、朝鲜和越南的贡使都住在那里。后来，在20世纪，日本军警和国民党军队都曾占用过这个地方。1949年后，这里成了一处副食批发中心。宋先生还记得原来的大门，不过它在20世纪70年代给拆掉了。他说："是为了让运输卡车出入。"

这座建筑要比附近的普通住宅高级得多。他说："进这个殿看看。"一整面墙上仍然装饰着木质的护墙板，护墙板的上部有花鱼相间的精美雕刻。宋树泽指点着说："这就是琉球贡使下榻的地方！"

宋树泽每天的工作就是负责照料花木，尤其是月季，不过，他对四个院子里的古树尤感自豪。"春天，周围的邻居们都来赏花。"他指着桑树、柿树、银杏树、梨树和海棠树说。两棵想必有500岁的国槐占据着前庭，枝繁叶茂，遮天蔽日。

在小巧的西花园，一棵其大无比的海棠树下有一个被人遗忘的莲花形大水缸。宋树泽说，每到秋天，海棠树就结满果子。最重要的是，这棵树据说是琉球贡使在此下榻期间种下的。

宋树泽说："如果修复这个地方，就应该把水泥掀掉，露出原来的石头路。"他说，有传言说这条街道将要拓宽，"一些古树不久就要移走。"这意味着200年前由琉球贡使亲手栽种的海棠树可能活不长了。

植 树

象征家族荣耀的古杨

从北京有名的琉璃厂古董街上的一家书店退休后，崔宗绪在城南农村买了个小院养花种树。可他这样做不是为了侍弄花木，怡情养性。根本不是。77岁的老崔心里另有盘算：他想种植一种能够使位于北京以南200公里冀中地区的自家祖坟恢复昔日风貌的杨树。

他回忆说，他家祖坟过去规模宏大，有一道石门，四周"古杨"参天。曾经有军队在那里驻扎，因此坟地受到了破坏，石头被搬去修路，树被伐倒修桥。"那些杨树枝繁叶茂，能遮风挡雨，下再大的雨也不怕。"崔老说。通常，长得很快的树会被栽种在道路两旁遮挡风沙，但这种珍贵的杨树跟坟墓有着割舍不断的联系，有的能长到15米以上。

崔老决心培育杨树，恢复祖坟当年的宏伟气象。他与林业局联系后惊奇地发现，北京地区最大的"古杨树"实际上就在他居住的地

区。这棵树长在一个六米高的土丘上，因而更显得高大挺拔。这个土丘有三个网球场那么大，为一座古庙的旧址，现在刚入伍的新兵正在这个地方进行操练。那棵大树合围有三米多。

当地人王老太太今年60岁，正在照看大树下玩耍的孙子。她对这棵杨树的情况很了解。按照当地的说法，她称之为"大青杨"，并且说，它就位于古庙的后院。她说："这儿过去住着和尚，解放后改成了学校。我还在这里上过学呢。"

崔老估摸这棵杨树肯定有800来岁了。他解释说："北京的杨树大多数为白杨，然而这棵'古杨树'的树皮却发暗。"雄性杨树长着龙须，龙须在杨树长叶子前先从树枝上垂下来。这显然是一棵雄性树，因为有看上去像小猫尾巴似的龙须掉在地上。树身上钉着一个铁牌，编号为0444。土丘前面立着一些石头，上面刻着这棵大树的荣誉称号："雄杨之最"。崔老捻着"龙须"，仰视着大树说："这就跟我家祖坟的古杨一样。我要培植这种杨树，栽在祖坟上。"

崔老望着自己种满杨树苗的小苗圃，聊起了自己的先人，还从破旧的桌子抽屉里取出一幅千年崔家坟的草图。石门富丽堂皇，比坟墓高出很多，墓地为高大的杨树所环绕。他说他

希望重修墓地，首先种上很多杨树。他知道这些杨树要长到眼前这棵杨树那么粗需要几百年的时间，但是至少会使人们重新对他的祖先肃然起敬，了却他的心愿。

樱花树及其他树种

植树造林是一种象征，表示人们承认有必要改善环境，同时也是供游客参与或纪念特别事件的仪式。玉渊潭公园种植樱花树就是为了纪念1972年日中邦交正常化。从那时起，"八一湖"周围种了许多种樱花树。作为北京最古老的水源之一，种上樱花树后的玉渊潭又恢复了昔日风采。樱花吐艳的时节，湖边成群结队的赏花人让我惊叹：他们不是日本那种喧哗的、喜欢夜间聚会的社交常客，而是真正爱花的人，他们赞叹着、触摸着花瓣，在每一株樱花树前拍照留念。甚或有这样的景象：垂钓者静静地坐在樱花树下，任凭花瓣飘落在他们身上和午后平静的湖面上。

在八达岭长城附近植树造林是为了阻止这一地区荒漠化。2002年秋，为了纪念日中邦交正常化30周年，13,000名日本志愿者与当地人一起在这里种下了象征和平与友谊之树。我们都希望子孙后代能够在那里看到一

片壮丽的森林。

"泡桐路"

在北京，我最喜欢的林荫道中有一条我称之为"泡桐路"。在4月下旬的短短一周内，这些树上挂满了一簇簇一串串近乎透明的紫花，状似小喇叭，轻柔娇嫩。这一时节，我常常漫步在车公庄西路这条街上，不，是"泡桐路"上。直到我开始读英文版的日本文学作品，我才不断接触到"泡桐"这个词汇。由于以前从来没有见过，所以无法想象泡桐树的样子。

在日本，按照老传统，生女孩就种一棵泡桐，这样在她结婚时就能够用泡桐木为她打做

一套柜子作嫁妆。日本外务省的标志就是泡桐叶子的形状。

因此，当我第三次来北京居住时，我就想种一棵泡桐树。这一次，我们的住所有一个大花园。古话说："家有梧桐树，引得凤凰来。"花工向我保证说，泡桐树当晚就能运来。我感到迷惑不解。为什么晚上运来？是不是有什么迷信说法呢？其实不是。出乎我意料的是，他们订购了一棵长成的大树，晚上11点后才能上路！

种树仪式很隆重，锃亮的铁锹上系着彩带，地上铺了红地毯，还准备了几堆用于填埋的土。种树的时候大家都到了，包括花工、我的亲朋好友。这棵树没有种在大使官邸正式的

日式花园，而种在离我的房间很近的地方，这样我从屋里就能看到它。我相信这棵树会保佑我们，尤其是在近乎透明的紫色小喇叭缀满枝头的时候。

昔日的人民公社，今天的高科技园区

在中国集体化生活热火朝天的岁月，东北旺人民公社被用来发挥国际作用。为了纪念中日两国签署和平友好条约，1978年10月东北旺人民公社被命名为中日友好人民公社，并立碑种树，以为纪念。另一块石碑是为纪念一位杰出人士孙平化而立的，他将毕生精力献给了

中日友好交流事业。

55岁的当地居民李元海对这段历史再清楚不过了。从33岁开始在东北旺当领导的李元海一回忆起当年的人民公社，宽宽的脸庞就露出了热情的笑容。他说，这个位于北京西北的村子当年之所以被看中，是因为它靠近城市，而且邻近农业大学，这样可以保证农民们能够得到种植专家的指导。他接着说："尽管本公社相对较小，可我们在农业生产上成绩突出。"

在那些岁月里，访问北京的日本名流要人常常被带到这个公社进行参观。日本中小学生还到这里参加每年一次的挖红薯活动，这里是他们可以接触到中国普通人生活的为数不多的几个地方之一。李先生说，该公社还搞了"北京的第一个鱼塘"，"我们最初的经营尝试还有一项是为日本生产棒球手套，但是当时中国货币管制很紧，很难赢利。"从日本引进的塑料温室技术显著改善了这里的蔬菜生产，到了20世纪80年代末，这里成了塑料大棚的海洋。温室蔬菜成了经济作物，公社的旧观念已经被自由市场原则和更加开放的政策所取代。1996年中日友协会长孙平化带我们一家去参观的时

北京中关村软件园

北京中关村软件园发展有限责任公司

候，就连公社的名字也改成了友好农场。当地农民开始集中精力搞劳力投入少和用水比种蔬菜少的果园。到处都是桃树林。

2002年李先生向我介绍未来的规划时，人们正在采摘个大汁多的桃子。他说："北京大学生物技术研究中心在这里落户已经四年了。"东北旺村就在北京人才济济的中关村高科技园区的西北角。

我沿一条新建的大道向北驶去，这里正在发生的变革就更显而易见了。在两块最近刚清除的果园前竖了块大牌子，上面画着不久将在这里建造的软件园区的地图。附近正在建城市铁路车站。谈起这些新项目，李元海显得兴奋不已。

这个农场现在已经正式升级为公司，新重点是智能技术和商业开发。桃树砍倒了，拔地而起的是"硅谷"式宽敞整齐的办公大楼。不过，这些新的小块空间正在进行现代景观美化。这里的树成为北京的新一族：不是为了开花结果，不是为了装点宗教圣地，不是为了砍柴做饭，不是为了给皇家花园摆花木，也不是为了标志陵墓的位置，而只是为了美化环境，与现代建筑相辉映。20年里，东北旺先是从公社变成桃园，接着又成了高科技园区。

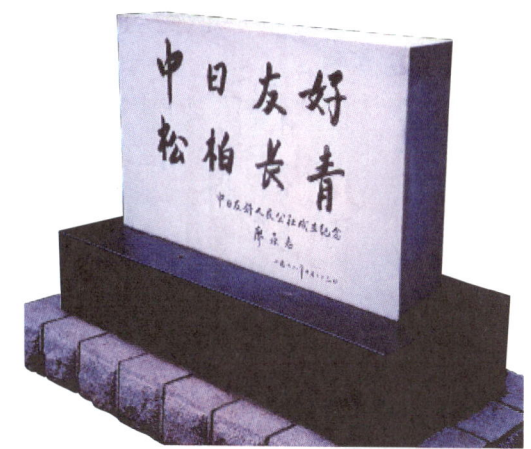

热衷变革的环保主义者

梁从诚及其夫人方晶都是非常热心的环保主义者。1993年，他们创建了"自然之友"，中国的第一个非政府组织。和梁从诚在一起，就如同与历史相伴：他的祖父乃是晚清著名改革家、学者和政治活动家梁启超，曾经流亡日本近14年；他的父母是中国第一代建筑史学者。梁从诚承认自己受父母影响很深。"我从父母那里学到的最重要的东西就是责任感。一个人必须有所作为，而不是怨天尤人。"

他的小小办公室里摆放的都是别人淘汰的旧家具。坐在斗室之中的梁从诚说："我自认为是个负责任的公民。环境日益恶化，可我过去从没有想过我们这些外行能在这方面做些什么。我知道其他国家有非政府组织宣传推动环保，但我不知道在中国是否可能。因此，我们几个人聚在一起，决定试一试。"方晶补充说："我们的组织1994年获政府批准，由于我们强调的是教育，因此我们的'自然之友'挂靠在文化部下面。"

办公室的墙上贴着最近搞的一些项目和活动的照片，比如拯救中国云南省的珍稀动物金丝猴的行动。"看看这本关于环境的教学参考书。"他给我看了看《绿色手册》。"在我们的帮助下，这本书才得以出版。我们还要使这本书进入尽可能多的图书馆。"

他们谈起了最近沙漠地区植树造林的情况。"我们用两天时间种了2700棵树。我们得到的教训是，人类毁灭自然很容易，仅仅30年的时间，过度放牧就毁掉了我们去的那个地方，但要恢复那里的生态可就难了。除了植树造林，我们的主要目的还是教育。"梁从诚感慨万千地说。他拿出了志愿者的照片。"这是一个深刻的教训，只有亲自去了，而且实实在在地种树了，你才能真正领悟到爱护环境的意义。"他接着说，"过去六年来，日本志愿者每年都要到内蒙古植树，却没有中国志愿者到那个地方帮助植树造林。惭愧呀！我们的组织是到那里植树造林的第一批中国

志愿者。"好几个家庭也参与了那次植树之行，他们不仅自己
负担旅费，而且出钱买树苗。这在当时的中国的确是一个新
的现象。

从此之后，"自然之友"活动项目的范围大大拓展了。他
们的核心目标是对当地人进行环保教育。他们常常以"流动教
学车"的方式给学生们上课。志愿者们都知道，保护环境不仅
是种几棵树，而是要培养人们对生态和人类生活之间和谐平衡
的理解。

有一天，梁从诫在他的寓所送给我他父亲的《中国建筑艺
术图集》一书。梁思成和妻子林徽因毕业于美国宾夕法尼亚大
学，回国后成为中国第一代建筑史家和热情的环境保护主义
者。1932年，梁思成发现了早被人遗忘的独乐寺，这是他作为
学者的第一个发现。独乐寺建于公元10世纪，有一尊十一面
观音立像，这是中国最大的泥塑像，高近20米。

冬天，我拿着梁思成手绘的独乐寺图纸复印件前往北京东部100公里处的蓟县，发现独乐
寺已经拆除大半，正在进行一项巨大的重建工程。我记得梁从诫说过，巨大的斗拱和深远的屋
檐使得他父亲认定这是辽代建筑。独乐寺历经千年而不衰，经受了多次战乱和地震的洗礼，寺
中一棵千年古柏也幸存下来。

爬上与屋顶一样高的脚手架，得以目睹这座宏伟建筑物的架构和原来的工匠在梁柱上留下
的记号，这着实让人兴奋不已。在大殿中央，巍然屹立着巨大的观音菩萨像。屋脊上只有主梁
仍然横在那里。

2001年我故地重游时，发现独乐寺已经修葺一新，恢复如初，尽可能地保留了原来的风貌。
哎呀，那棵和这个辽代庙宇一样古老的千年古柏没有能够免遭施工的破坏。它那枯萎的树干像
雕塑一样挺立着，提醒我们也有必要对这些文物小心呵护。为保护文化遗产和这些珍贵的活文
物以及致力于拯救环境振臂一呼，这些都是梁氏家族一脉相承的传统。

石头：历史的回声

石头：历史的回声

那些古老的石头"都在无声地讲述甚至吟诵着时间带来的惊人变化"。（梁思成）

引　言

石头蓄含的活力

北京的历史遗迹留给后人的文化遗产，有相当一部分存留在石碑、石柱、石雕甚至石墙上。它们都是思想、历史和艺术的宝藏，洋溢着往昔岁月的活力。古代遗留下来的图案历历在目；石碑上铭刻的诗歌意味悠长；佛的面孔安详依旧；石庙仍然散发出神圣的光辉。

石头的活力还在于它们富含大地的矿藏，映照出太阳的光芒。山脉和丘陵形成一道横贯北京的屋脊，盛产大理石和花岗岩。各种形状有趣的石头点缀着山坡，有些是单独成块的巨石，有些则共同构成美丽的图案。

北京的许多村子完全由石头建成，从屋顶到墙壁和地基，所有材料均取自附近的山区。石磨、石炉都很常见，还有石头做的井盖、石渠和石槽。石墓也是各种各样，有规模浩大的皇家陵园，也有只立一块石碑的简单墓地。北京城四周的山上到处是石路和进香道。铺路石经过无数次的踩踏已变得或光滑明亮，或残破不堪。几百年来留下的车辙使得古老的大路凹凸不平，但它们都带着人类艰辛劳作的温度。

把历史事件镌刻在石头上的古老传统使很多真实的历史记录得以保留，因为每一块

石碑都有清晰可辨的日期。在考察的过程中，我见过几百块石碑。从这些石碑中我可以找到一些详细的背景资料，比如寺庙的别名是什么，谁捐资进行修缮，或者有多少资金来自皇室的赞助。

为了寻访仙踪不再的古庙，我常常造访那些不像有什么历史遗迹的地方，但我总能发现雕花或刻字的古石，它们至少会透露一些线索，帮助我了解此地的历史。有了这些石头，我就知道自己找对了地方。例如，北京西南的北郑村曾经矗立过一座千年宝塔。一次地震后，塔身出现裂痕，塔心的一根大理石柱和两根泥柱露了出来。柱子保存在博物馆里，但宝塔本身出于安全的考虑被拆掉了。要确认宝塔最初的位置几乎是不可能的，因为这个地方整个抹上了一层水泥。不过，几个小男孩指给我附近路边丢弃的一段石柱，石柱上只有一个字清晰可辨，那就是"塔"。我的发现使村民们异常惊讶，他们甚至有些大惊小怪。但是，那块石头竟突然间产生了意义和活力。

另一次，天气

非常寒冷，我和我的摄影师朋友刘小岛（Kosima Weber-Liu）一道出了门，打算在北京东南郊转转，看看能不能找到历史的蛛丝马迹。令我吃惊的是，一向对环境很在意的刘小岛竟然开车上了一条正在施工、尘土飞扬的街道，尚未埋入地下的巨型管道堆在地上，路口上挤满了大卡车和马车、手推车。我们最终发现面前就孤零零地立着一座古塔，不过背景中的一条小渠使它看上去生动了一点。靠近塔顶的地方有一块石匾，上面刻着塔的名字：十方诸佛宝塔。塔基四周散落着几块残破的石碑，石碑上的一些字迹提供了线索：这座塔系为明朝陕西省的一位禅宗僧人而建。另一块石碑记述了皇帝路过此地并从河里取水饮用的经过。突然之间，这个地方有了新的内涵。

　　田地里还散落着一些石碑，我们坐在那里读碑文的时候，一个戴着厚厚眼镜的70岁的当地老人停下来帮我们的忙。老人自豪地讲起了一座寺庙的历史，尽管它已消失很久了。他说个不停，为我们描述出一个海市蜃楼般的美景。这时，我把另一块石碑上的污垢蹭掉。一张雕刻精美的笑脸从尘土中浮现出来，似乎在欢迎我们来到这个地方，又仿佛因为这些石头能留存至今而露出骄矜的神色。

　　下文记叙的一次次邂逅都源于石头的永

恒不灭，它帮助我们探寻历史，了解我们现在居住的北京。这些故事往往提到了某个地方的人们是如何精心保存这些石头古迹的。还有一条线索讲的是石刻的传统，以及在自然状况下保护石头的重要性。必须在这二者之间找到某种平衡。

雷音洞晨露

露珠在古老的石阶上闪烁，四周的群山呈现出斑斓的色彩；我拾级而上，去往云居寺上方的藏经洞。这又将是一个炎热的夏日，所以

我出发得很早。这座寺庙我来过快20次了，但是每次都不禁要为一代代僧侣把经文刻在石头上、使之留存后世的毅力所感动。

我第一次来云居寺是1985年夏天。看门人王先生带我四处转了转。他介绍说："在云居寺的创建者静琬法师生活的年代，也就是7世纪初左右，佛教正面临着第一轮迫害。甚至皇帝也不再支持佛教，而且降旨关闭全国各地的许多寺庙、毁掉经文。为保护佛家圣典免受灭顶之灾，静琬法师藏身在这偏僻的山区，将佛家教义刻在石板上以造福于后世子孙。"这项工程

持续了1000多年，范围扩展到九个洞穴，参与者包括16代僧人。这是全世界最大的石经库。

云居寺建在山上，分为六进殿宇，一进比一进高。1935年，日本学者对这些殿宇进行了细致的考察，并在《东方文库》杂志上发表了他们的研究成果，附有详细的图示。令人遗憾的是，整座寺院在抗日战争中被炮火击中，一切尽毁，只留下北塔。我第一次来参观时，除了几座较小的佛塔外，北塔还是唯一矗立于寺庙遗址上的高大建筑。老王接着说："我们在废墟中仔细挖掘，在南塔原来所在位置下的地宫秘室里发现了刻在石头上的经文。山上的洞穴里藏有更多的石经，都埋在成堆的瓦砾下面。"这里一共藏有1.4万多块石经，简直是一个巨型石经宝库。

老王领着我沿崎岖不平的石路向上攀登。那天烈日炎炎，找不到一片树荫。40分钟后，我们终于到达了静琬法师藏经的雷音洞。洞中央立着四根石柱，石柱上雕刻着复杂精美的小佛像。但是，真正的宝贝在四周的墙壁上，其中的第一批佛经是静琬法师亲手刻制的。我试图在脑海中想象出这样一幅景象：僧人们聚集在这里，不停地凿啊刻啊，日复一日，年复一年。攀上洞穴上边的山头，我发现了一座小石塔。这座塔是为了纪念唐朝公主金仙而立的，

她曾捐资刻制4000多部佛经。这些佛经后来成为佛教史上的无价之宝。

从那以后，我不断去造访云居寺；看到他们重建的寺庙与京都大学的学者们在图上画的一模一样，我甚感钦佩。在南塔下面发现的石经现在已重新埋进温度可控的地下博物馆。现在甚至有了通往那些洞穴的缆车！但我还是喜欢沿老路上山，走在磨光的石板路上，看那晶莹的露珠在晨曦下微光闪烁。

石府村的采石场

一句中国谚语说："靠山吃山，靠水吃水。"这就是上石府村人几百年来一直在做的事情。他们的采石场既深又宽。路边到处都是村民们的创造：他们用珍爱的"豆青石"雕刻的石臼与石磨。

46岁的石匠高雨云说："这种石头特别坚硬，但抛光后却像人的皮肤一样光滑。"他也是这里采矿公司的负责人。"这种绿石头不像汉白玉那样用于精雕细刻。人们用它是因为它有劲儿。"老高继续道，"800年前，我们的石头曾用来造卢沟桥！"他解释说，在最近对这座桥进行的几次修复中，人们曾找他提供所需的石料。"你可以看到，桥拱上那些最重要的受力点布设的都是这种石头。"

这座采石场位于村东大约1000米的地方。我在那里四处闲逛、给石磨拍照时，一位身穿粗布工装的结实汉子走了出来。看到一个外国人在他的工场里拍照，他非常惊讶。我说，我对这座村子生产石头的历史很感兴趣。没想到，我这下找对了人，他就是高雨云。老高把我请进他的办公室。这位不起眼的石匠对他们的石头为北京几代都城建设作出的贡献甚感骄傲。

他还在帮助重修许多重要的建筑。他们的

工场目前正在准备一些柱基和石阶,用于香山一些景点的修复工作。"在清朝的史书中,我们的石头被称作石府石,是很珍贵的。"这里的石匠们为天坛做过台阶,为公园修过石桥,也为城里的许多地方提供过门阶石,因此,村子获得了"石府"的美誉。

他还带我去看他们所说的日本井,这口井是日本人占领这里时挖掘的。井口很自然地用这种坚硬的石头砌就。老高说:"北京的井石有95%属于石府石。"在采石场里,工人们忙着从山坡上挖下大石板。他们不用炸药,而是用传统办法小心地把石头敲下来。老高解释说:"这种石头没有污染,也不吸水。这就是为什么我们的石磨磨出来的粮食有股清香味儿。全国各地都有人要我们这种石磨。"

当时,我们所在的地方是翠微山的阴面,周围堆放着许多石头。老高指给我看由他的祖先和其他村民的祖先打通的地方。代代相传的鹤嘴锄和钎子整齐摆在岩石边。"没错,你是第一位来到这个地方的外国妇女。"他一边说,一边露出灿烂的笑容。然后,他又向我讲述了路边一个只有一间房子的小石庙的故事。

很久很久以前,大约35名采石工在深山里采石,这时,一位长须飘飘的白髯老者出现在他们面前。老者告诉他们村子里要摆结婚酒

席，并且鼓动他们去参加。于是，他们放下手里的工具下了山。但是，村里的人根本没听说谁家要摆酒席。就在这个时候，他们听到一声巨响，山体的一整面都出现了滑坡。他们意识到，那个老人其实是位山神，于是修建了这座山神小庙向他致谢，并祈求山神继续保佑从事这个行业的人们。直到今天，没有一个人在采石场丧命。不仅如此，似乎在山神的保佑下，对石府石的需求也基本上没有中断过。

寻访耶稣会士的墓碑

我手里一本20世纪20年代的旧书里提到，北京西边有个名叫正福寺的村子。1732年，耶稣会的外国传教士购买了这座庙宇和周边的土地，用来改建乡间教堂和墓地。尽管1900年的义和团运动对这里造成了很大的破坏，但至少有60块法国传教士和其他皈依基督教的信徒的墓碑保存到了20年代中期。这些石碑大多高约两米，或砌在院落的围墙里，或散布在杂草丛生的墓地中。

值得一提的是，1689年帮助中国与俄国缔结《尼布楚条约》的耶稣会士张诚（Gerbillon）就葬在这里（1707年）。这里还安葬着曾经为乾隆皇帝画像的王致诚（Atiret）（1768年）和帮助乾隆皇帝与伏尔泰通信的阿弥倭（Amiot）（1793年）。不少人博得了皇帝的欢心，他们高大的墓碑上装饰着团龙图案。

当我于1985年前往寻访这个地点时，由于内战和"文化大革命"的影响，似乎一切都已荡然无存。找到这个村子并不费劲，它就坐落在通往颐和园的一条路边。我四下转了转，找到了教堂的旧址（现已变成了工厂）和残留的旧墙垣，甚至还在路边发现了一块刻有"天主教堂"字样的石头。但是，当我询问那些墓碑的情况时，当地人似乎一无所知。那些大块的大理石是不可能轻易消失的，于是我继续在村子里到处打听。终于有一位中年妇女，先是否认存在过这样的东西，然后露出了困惑的表情："呃，我家茅房里有块大石头，是从那边的墙上拆下来的。上面刻着字。"

茅房的一面墙确实是一块巨大的汉白玉。在与饱受风雨侵蚀的汉字并排的位置上，似乎还刻有一行罗马字母。接着，我注意到团龙图案下面就雕刻着十字架。那位妇女看到有人在她家的茅房里拍照，惊讶极了！

沿路下去，一幢房子的墙边斜倚着几块破损的大理石板。她把石板翻过来，露出了右侧刻有汉字、左侧刻有拉丁文的一面。字迹不太清晰，但我能辨认出诸如 Mathematician（数学家）、Consecrated（祝圣）、Mission（传教）和 Domini Finis（安息）等词语。村民们围拢过来，指着一条肮脏的小路。一些人拿来扫帚，把道路清扫干净。那里铺着一块几乎完好无损的石头，上面是清晰可辨的汉字和拉丁文。这是耶稣会的一位法国传教士的墓碑。他名叫蒂埃里（Joannes Baptista Thierry），生于1823年，1842年来到中国，在北京教区工作。墓碑上刻有Requiescat in Pace（安息）的字样。汉字部分还补充说，他是58岁时因病去世的。

1995年，我再次来到这个村子。然而这一次，那些石头已经无影无踪。村民们告诉我，石头都被人用卡车拉走了，不知拉到哪里去了。73岁的赵恩存先生邀请我到他家里去，他的家人正在吃午饭。墙上张贴着天主教的宗教画，床头立着一个很大的十字架。老赵说："我们村有100户人家，有30户仍然是天主教徒。我们信仰天主教已经有好多代了。我们村的这些人家都是由耶稣会士劝导皈依天主教的，一直保持着自己的信仰。每个礼拜天，我们都到南堂去望弥撒。这要花去我们几乎一整天的时间。"当我问到石头的情况时，他只是说："他们把石头弄走了。"

又过了一年，我才找到这些石头。它们恰恰待在应该待的地方：北京石刻艺术博物馆。正福寺村的石碑整整齐齐地分两排陈列着，许多石碑已经字迹难辨。一块石碑顶部的团龙图案下面刻有十字架。那是蒂埃里的墓碑，就是1985年村民们曾经清扫干净给我看的那块。回想起村里那些信仰天主教的男女老少（比如赵先生）的面孔，我清楚地意识到，他们这样对待这些墓碑并不是亵渎神圣，而是出于对耶稣会神父的崇敬而加以保护的一种方式。无论如何，村民们都是有心人。

如今，它们都处在经验丰富的考古学家——65岁的吴梦麟——的细心呵护之下。她是一位和蔼可亲的小个子女士，但性格非常坚毅，对北京的石头了如指掌。她1961年毕业于北京大学，在职业生涯中经历了现代中国最艰难的一些时期。但是，她下定了决心，要竭尽全力研究并保护北京周边具有历史意义的无数石碑和石头。她确保耶稣会、遣使会和多明我会的墓碑得到了应有的尊严。如今，这有着200年历史、十字架和团龙下面刻有汉字和拉丁文的36块外国传教士墓碑归到一处，码成一排，一如它们竖立在原先的天主教墓地里的样子。"安息。"

北京古老的石头村

各具特色的村庄

北京的村庄各有各的特点。有些起初是采煤村或贸易村，有些靠采石或出售引火物为生，有些原先是驿站，有些充当守墓者，还有些则卫护着山地、河流或者渡口。在重要的寺庙或沿交通要道、进香路设立的茶摊附近也出现了一些村庄。此外，皇帝有时也下旨设立一些村庄以修建要塞，或生产陶器和砖瓦。京城周边丰富多彩的乡村景象不仅展现出各具特色的地理风貌，也显示了这些村庄在北京历史上的重要作用。

村民们维持了社区的延续性。他们把自己的故事保存下来，并以口头历史的方式流传下去。他们建造和重建自己的家园，把自己的手艺和独特的谋生之道传给后人。他们在挖井、修路和保护圣地树木时体现出来的合作传统是社区文化得以维系的核心力量。

由于石头一直用作主要的建筑材料，许多村庄都保持着古时的格局。在山区，像门头沟区的爨底下和灵水这样的村子都保留了有500

多年历史的石屋和石墙。不远处的双石头村甚至有一座建在巨石顶上的房子。

尽管1996年，我走在爨底下村狭窄的石路上时，那里只有23户人家，但它依然保留着明清时的结构，当时，村里有100多户人家，其中大部分都做煤炭生意。凝视着这些废弃的院落，那种感觉很是怪异。村里住户大多姓韩，所以由一位韩先生带着我四处转转就没什么希奇的了。他带我看了地窖、深井、藏钱的密室和一个用了400多年的石磨盘。褪色的革命标语让他记起了自己当年身为红卫兵捣毁村里寺庙的时光。从那以后，大批村民背井离乡外出打工，整座石头村也随之凝固在时光之中了。

北京最古老的石头居所当属延庆县的古崖居。那里，在一侧山坡上凿有100多个小洞，这些小洞穴构成一个早期的城镇，会所和神祠一应俱全。洞里还遗留着石柱和石炉。我们对这些穴居人所知不多，但从他们的遗物中可以看出他们有社会组织、等级制度和对付闯入者的防御体系。

房山区的磨碑村也有悠久的历史。云居寺著名的石经所使用的石头有许多就是在这里开采的，其中有许多雕刻于1000多年前。村子中央有一座被人遗忘的寺庙：磨碑人纪念祠，千百年来一直供奉着石匠们的灵位。1997年，这

座寺庙只剩下一间大殿，而且屋顶还破了一个洞。一家工厂占用了寺庙的院子，工人们正在那里给石瓦抛光上色。他们的采石场仍然产量充足。一位退休石匠、80岁的张先生自豪地告诉我，他们这里出产一种特殊的石头，名叫白云石，几乎是透明的，而且有一种自然的光泽。不错，他认为应该有一座祠堂纪念他们这个行业，纪念数不清的无名工匠，而且这座祠堂也应该修缮了。他无限留恋地说，村子每年的阴历二月十九都要举行活动，纪念他们光荣的石刻传统。

京西有一个黑石头村。我已经多次去过那里，最近一次是在2003年春天，SARS紧急状况发布的前一天。那是一个无忧无虑的早晨，我开车带着几个朋友在石景山区观光。和我同去考察的朋友都感到非常惊讶：我们竟然能在北京城附近找到这样一座保留完好的石头村庄。许多铺石板瓦的旧房子和古槐树都面对着村子里的三条街：上街、中街和下街。黑石头村坐落在一条翻越西山进入北京平原的路旁，也是一座煤仓。一个小男孩跳上自行车，带我们去看一块巨石，它足有停在旁边的一辆红色面包车三倍高。这就是"黑石头"。在过去，这样一块巨石必定给当地人留下了深刻的印象，要不，他们干吗用它来给自己的村子命名呢？

今天，这些村庄和它们的传统文化都面临着各种各样的生存挑战。但是，只要这些石头建筑还在，至少从外表上还能看出过去的痕迹。

进入围城世界

有一次开车走在乡间大道上，我突然发现一道高达八米的石墙，弯成一条长长的弧线。这是什么？在永定河以西的平原上看到这样一片拔地而起的建筑，我感到不可思议。这是常乐寺村。常乐寺是一座始建于明代的寺庙，一群告老还乡的宦官在这里当和尚。石门上刻的赞美这些宦官的对联如今只剩下一半：纯忠万祀名裡永。

退休的看门人张会顺带我四处参观。这座庙的大殿倒还立着，但已经破败不堪。一块断碑讲述了退休的宦官们如何来到这里度过余生，死后则安葬在这石墙围出的墓地中。

老张领着我沿石板路来到村子的北部。两座砌成圆顶的残破的砖墓隐身于杂草和柿树中间。几个村里的孩子正在逗弄破损的拱顶中沉睡的蝙蝠。这就是昔日太监墓地仅有的遗迹

了。其中一座是大官王安的墓，此人在"宫中掌管随从及庆典所用的礼服"。这座三米高的墓上多数大理石都已脱落，露出里面砖砌的内壁；不过外表还装饰着一些雕刻精美的石屋顶和石瓦。

这道墙在砖墓后面露出个大豁口，现出远方一排排影影绰绰的山峰。墙上有一道裂缝，成了进出村子的另一个方便通道。远远看去，这里似乎还是500年前的老样子：一块特殊的围城世界！

玉皇塔边的凿石声

高庄村村民无疑都是做石头生意的，整条山谷都回荡着他们采石的声音。玉皇塔矗立在一座小丘上，基座是坚硬的巨石。它就是附近采石村的守护者。

村民们把巨大的石块从它们曾经很舒适的巢窠中劈下来，然后再用原始的工具把它们分割成比较容易处理的小块。赤裸着上身的老手们干起这种累死人的活来不慌不忙：他们用锤子和凿子凿下一点，休息一下；再凿下一点，再休息一下。其他采石点都在深谷里，只有采石人富于节奏的敲击声证明了他们的存在。拖拉机哒哒作响，在临时修成的土路上穿梭往来，把一车车石头运去雕刻或碾碎以作他用。

这些采石人曾经在靠近玉皇塔的地方采石：塔基下面的巨石上有砍削过的痕迹。这非常危险。一位放羊的农妇似乎对周围的活动无动于衷。她知道，这座塔不会真有什么危险，因为它已经在那里矗立了1000年，保护着村里的家家户户。根据当地的传说，古代，一位高官来到这里，说起这里风水好。为了让好运持续下去，他指示村民们：建一座以玉皇大帝命名的宝塔。于是，当地人建起这座七层高的八角宝塔，并在大理石门内侧雕刻了玉帝像。由于

目前对优质石材的需求量很大，高庄村的好运看来还在继续。

石洞和挖洞人

北京周围的深山中有很多天然形成的洞穴,其中一些洞穴按照丝绸之路沿途的早期佛门传统改造成了佛教寺庙。在一个11世纪即建成尼庵、名为朝阳洞的洞内,我发现灰泥上有彩绘的遗迹,应当是一尊佛像上脱落的。这些残片下面的石基证实了,这里的确曾是一个古老的祭坛。从洞口向外望去,目中所见巍巍群山与1000年前尼姑们所见毫无二致,我可以体会到她们那种与世隔绝的难能可贵。

南面有一条通往莲花山圣米石堂的小道,过去单程就要花四个小时。现在,当地人已修复了这个古老的道教胜地,就此建起一个风景区,还修了一条路通往远山。即便如此,我从山脚下开始,也花了两个多小时才爬到那个著名的洞穴。据传说,一个饥肠辘辘的年轻僧人把他从洞壁上抠下来的石头扔到水里煮,最终把它们煮成一锅米饭。不过,这个洞穴给人留下印象最深的还是周围的群山峻岭。

看完许多神殿和洞窟之后,天色已黑,我开始感到害怕。这个景区尚未正式开放,因为工人们已经下班,此地静得出奇,令人胆寒。幸运的是,我找到了两个值班的人,一个是董先生,另一个是张先生。他们想出来一个好主意,好像变魔术般地打开了一个开关,一排小灯马上在黑暗中映射出一条天堂般的光辉小路。我钻进他们的缆车,竟发现车内还有一大袋米……

另一个洞叫做空水洞,并非开在高山上,但同样不容易接近,因为它在一个工厂院内。好在一个好心的门卫让我进了院子。空水洞实际上是一眼泉水的源头,其上建有一座石堂,名为

万佛堂。起初，我向昏黑一片、霉气很重的堂内望去，却看不出什么，但一点一点地，那些墙壁终于活了起来。一组汉白玉雕刻的佛教形象，仿佛受到磁力吸引一般朝向中间的佛祖。这组雕塑名为"万佛法会图"，是北京不可多得的唐代珍品之一。

与空水洞不同，云水洞是一个很深的洞穴，里面有好几座大殿。离洞口不远处有一尊11世纪的浮雕巨佛。1000多年来，潮湿的环境使这尊佛像受到侵蚀，香灰的打磨使它产生出细腻的光泽，但它经受住了岁月的考验，保持着神圣和威严。这让我想起了在内蒙古巴林左旗和北京东面盘山地区的一个洞穴所看到的类似佛像，它们都是同一年代的艺术品。洞前的寺庙里住着很多来自安徽省的和尚，他们都想拍照，对我的收入和我手持的相机的价格也很感兴趣，而对于我刚才在洞内看到的精美大佛却知之甚少。

在寻觅12世纪的于庄塔的时候，我还造访了一个不同凡响的石洞。于庄塔矗立于无法走近的悬崖之上。我围着塔基转了一圈，想找到一条上去的路，结果碰到了盲人马三宝。他把我带到他寒酸的小屋，似乎很信任我，向我讲起了自己的工程。他嘟哝道："我一直在挖洞。小洞。佛龛。它们就藏在佛塔下面。"

"来，跟我来！"他绕到房子后面，打开了一扇简陋的门，门通到悬崖的一侧。里面漆黑一片，但这对马先生显然没有关碍。我跟着他在黑暗、潮湿、发霉的迷宫里摸索前进。"在这里，"他颇为自得地说，可我什么也看不见。于是我想到了相机上的闪光灯。闪光灯一下一下地闪着，我才能看出三个小洞。马先生用自己的双手在里面刻出了一些圣坛来供奉佛像。第一洞室供奉的是佛陀，另有很多大肚子的"笑面弥勒佛"放在一张摇摇晃晃的桌子上。第二洞室只有观音菩萨像。另外一个洞室有一把发霉的椅子。第四洞室还没有挖好。没有铭刻，没有壁画，马三宝的洞穴虽然简陋，却不乏虔诚。

幸存的石碑

皇帝为铸钟娘娘立碑

北京市中心钟楼西边有一座位于小黑虎胡同的金炉圣母铸钟娘娘庙。这条胡同拐了两个弯后变得非常狭窄，在一个拐角处矗立着这座小庙，其上的琉璃瓦使它在一片民宅中显得格外醒目。修建这座庙是为了超度15世纪初一个奇女子的亡魂，据传说，她曾帮助父亲为明朝永乐皇帝铸造大钟。

这个故事大概流传了几百年，因为这里曾经是一个出产了无数大钟的铸造区。铸钟娘娘的故事也是一个赞美孝道的故事。铸钟失败是要受到严厉处罚的，可在铸钟时，女孩的父亲尝试多次都失败了。最后，女孩跃入沸腾的铜水，铸出来的钟却堪称完美。大钟对于皇权至关重要，一天的12个时辰都是由朝廷掌控的。这座著名的大钟挂在钟楼内，每天从早上7点钟开始，每隔两个小时敲响一次，北京城各个地方都能听到。人们说，在大钟的回音里可以听到女孩的哭声。

1995年的时候，这座不寻常的庙宇仅存大

门和一座后殿。门口被用作货场，但椽子上还有一些彩绘花纹依稀可辨。在小院后面的大殿里，一群年轻姑娘正在组装盛中药的纸盒子。对于这些来自安徽的民工来说，这里不仅是她们的工厂，也是她们的住所。彩绘的横梁上晾着衣物，墙上则贴满了时装模特的照片。

一面墙上嵌着一块小小的石碑，上刻着18世纪乾隆皇帝赞美那位铸魂于钟的铸钟匠女儿孝心的碑文。皇帝恳切的言辞使得铸钟匠女儿永远不会被后人遗忘。把这里当作女工宿舍当

然不错；也许这些姑娘能够感觉到铸钟娘娘在保佑她们呢。

人行道上的石碑

在北京东郊西栲栲垡村的学校里，旗杆上飘扬着国旗，学生们在上课。建在小山包上的学校前身是一座历史达1000年之久的著名寺院。正在晾晒的玉米秸铺满了前面的道路。我沿着缓坡向操场走去，发现了一块据认为可以追溯到乾隆年间的石碑，它就嵌在石头铺就的车道上，上面同样铺了一些玉米秸。我清掉石碑上的玉米秸，几条形态优美的雕龙从尘土中浮现出来。这是表明石碑与皇帝有关的重要证据。但是，为什么会在这儿呢？

村里的人都在忙着秋收，没有太多时间和我谈论这座曾经名扬四海的天宫寺。他们听说过辽代帝王到这里打猎的故事，也知道附近曾有12世纪的金代皇帝们建成的一座皇家围场。当地人还告诉我一个古老的传说：寺院中某处曾经留下一位辽代太后的脚印。一位农民说，此地以牡丹花闻名，但"文革"期间都被砍掉了。另一个人还说，"天宫"井就藏在学校宿舍的下面。这些农民至少会把这个关于秘密水源的故事流传下去，以防未来突然出现干旱。我

们谈话的时候，学生们放学了，他们欢快地踏过那块雕龙石碑，走下山去。

斜街改直

又挖到一块大石头后，推土机静了下来。在建筑工程热火朝天的北京有一条规矩：先仔细检查，然后再继续挖土。无疑，这是一件艺术品，工人们必须向有关部门汇报。人们把这块巨大的石碑清理干净后发现，这确实是一件出土文物。不到一个小时，附近又有两件历史遗留物重见天日。起重机的巨钳把这些石碑从埋藏了几十年的土地里夹了出来。它们为帮助人们了解周围这片即将被夷平的地区提供了重要信息。

北京的历史地图显示，这片地区叫做斜街。北京城的街道大多横平竖直，像棋盘一样，斜街很少见。其实，这条古老的街道之所以被称做"下斜街"，是因为它穿过明代护城河向南延伸，这个名字使它能区别于街道的北段。斜街分布着许多古老的庙宇和会馆。这条街又称做土地庙街，还有一个更常用的叫法：长椿街。那些推土机的任务是把街道改直，以适应现代交通的需要。

那么，这条街起初为什么是斜的呢？在古

代，这里或许有一个溪流造成的天然弯道，因为房屋都依弯道而建，街道也就保持了原来的形状。最重要的是街北端的长椿寺，这是明代万历皇帝的母亲于1592年修建的。寺庙相当宏伟，许多大殿都覆盖着皇家特有的黄色琉璃瓦。据说，万历皇帝有一年得了重病，他母亲立下誓言，如果儿子能够痊愈，就让他去当和尚。万历后来确实康复了，但她没有让他退位，而是建起这座寺庙，找一个人替他当了和尚。

发掘出土的石碑使城区中这条短短的街道染上了浓重的历史色彩。街的南端是北京最著名的寺庙之一，其历史可以追溯到700年前。这就是土地庙，规模很小，只有三座殿。人们相信，死者临终前的牵挂都会由土地转达给他们

的亲人，就连那些出门在外的人面临危机时也能通过土地和家人交流。按照迷信的说法，这些漂泊在外的家庭成员可以到土地庙里收发信息，就像现代人去网吧一样。

土地庙在20世纪50年代修建一所医院时被拆掉了，但是，那里每月一次的著名庙会却在人们的记忆中长驻。直到今天，一些年长的人还能回忆起庙会时斜街上熙熙攘攘的人流。土地庙会以销售花草著称，每月举行三天，都是"逢三之日"（即农历初三、十三和二十三）。两句古诗仍然能让人感受到那里的气氛："小海春如画，斜街晓卖花。"

土地庙遗址以北还有一座建筑，入口高得异乎寻常。这是浙江会馆。会馆后面，一台起

重车正把新发现的石碑搬到文物局的一辆卡车上。它们算是重建这座有300年历史的会馆的纪念吧。一块雕花大理石基座也在附近发现。

会馆遗址里面有两块鼓形的汉白玉门墩，它们过去就立在门外，面向斜街，欢迎着那些离家在外的浙江人来这里喝茶、聊天、听曲。72岁的马老太太在这里住了40年，是个怀旧的人，附近工程车的噪音让她心神不宁。"我知道很快就得搬家了，我们都得搬。"

推土机再次安静下来。就在寺庙的后面，起重机的叉钳又挖到一块巨型大理石门墩。这是一块表示最高级别的特大门墩，也许从前曾用作长椿寺寺门或某座宅第华丽大门的装饰。

街区的每一处墙壁和门上都划着白圈，圈里写着"拆"字。住在斜街西侧的所有居民都得搬家。土地庙和浙江会馆所在的地方如今是一座公园。长椿寺将要重建，但那条以它命名的又宽又直的街道现在已经从它的前面移到了后面。北京历史的一页已经翻过去了。

十字寺

在北京西部一条山谷深处有一个古寺遗址，这座古寺和基督教有些渊源。那里很不好找，因为道路拐来拐去，要经过一个石化厂和

几座煤矿。远处的山谷尽头有一棵大树，枝叶繁茂。那就是古寺所在之处，如今却只剩下一片废墟。巨大的银杏树下，两块比肩而立的石碑显得很不起眼。那棵树已经矗立了1000多年。这是一个不同寻常的寂静所在，只有远足者偶尔路过，他们要到后面的山里寻找泉水。

我努力辨认着石碑上的碑文。一块立于明

时的皇帝接触，这样景教才首次得到官方的注意。后来，这个教派传到北京地区。蒙古人一贯对传教活动很开通，忽必烈汗的母亲就曾改宗皈依。十字寺就是表明这种教派曾经存在的唯一遗迹。

一位名叫拉班·扫马的维吾尔族景教教士曾在这里居住。他是1266年前后来到十字寺的。这位年轻的修士日后完成了一项壮举。在元大都待了十多年后，他踏上前往中东和欧洲的朝圣之路，1287年，他甚至到了意大利。他后来死在波斯，但沿途写下的手稿使这位"东亚马可·波罗"的旅行见闻流传后世。

在南京博物馆，在西安，在青州，还有一些景教的石碑。但在十字寺，大树、石碑和朴素的环境共同构成了昔日的修行者隐居生活的庄严见证。

石头见证都城隍庙

都城隍庙隐藏在复兴门地区一片新建的高楼大厦之中，现在它的一部分被用作二龙路街道办事处的办公室，另一部分是一家造纸厂。20世纪80年代我第一次来这里考察时，当地的一所初中也在里面。在造纸厂里，我看到嵌在墙上的匾额，其中一块陷入土中。这些都是

代的石碑说，这座寺庙建于辽代952年，原是一座佛寺。但更显眼的是另一块石碑（1283年），石碑上部盘旋的雕龙中间赫然刻着一个十字架。十字架下方是寺的名字：十字寺。这里其实是一个景教聂斯脱利教派教堂的遗址。景教在唐朝时从叙利亚传到中国，主教阿罗本(Olopen)为了在中国传教，曾前往长安并和当

明清两朝的皇帝亲笔题写的匾额。一块匾额上铭刻着四个大字"万古流芳"。这个古迹能幸存已属不易，要想繁盛可就难了。

城隍是中国古代的一个神，曾是保护城墙和周围护城河的神灵，后来慢慢变成了城市的保护者，位列道教的神殿中。后来渐渐形成习俗，某个正直的官员过世后，他们就会被敬奉为这个地区的城隍。

不过，这处神殿绝不是中国每个城市随处可见的城隍庙。它是皇家都城的保护者，于1267年建立于元大都的西南角。历史变化无常，神灵的真实身份也发生了变化，就像官员随着时间变化而起落浮沉。都城隍庙农历五月初一和十五的庙会知名度也很高。

幸运的是，正门前立了一个牌子，说都城隍庙的大殿是受到保护的。首都的规模越来越大，所以都城隍的意义也越来越重要了。

佛足圣迹

五塔寺(真觉寺)坐落在北京动物园的背后，还有一个名字叫石刻艺术博物馆，里面收藏了成千上万块从北京各地搜集的石碑或石刻残片。人们从正在清理或需要保护的遗址把它们运到这座建于15世纪初的寺庙里。五塔寺本身也是北京城内雕刻艺术的最佳范例之一。寺顶有五座佛塔，模仿印度菩提伽耶的寺庙——菩提伽耶是佛陀获得彻悟的地方。寺庙的外墙满是佛教图案的精美石刻。

最特别的雕刻是凹进去的佛足迹。在人形的佛陀受到敬拜以前，这就代表佛陀的形象。我对"buddhapāda"

（意为佛足迹）的象征意义发现颇多：
"buddhapāda" 是梵语，1985 年我带一位日本
僧人来这里参观，他曾这样指称佛陀的足迹。
当时，他看到足迹和相关的佛教八宝瑞祥文的
雕刻后极为兴奋。通常，这些象征性符号都刻
在佛足迹上，但这里它们却以藤蔓的形式刻在
周围。我事先并不知道他在这方面有特殊研
究，竟然恰好把他带到了这个地方！

我曾在材料上看到，北京的另一座庙中也
有刻着佛足迹的石碑，但直到十年后我才在北
京的西部发现这座寺庙。宝禅寺建于 14 世纪，

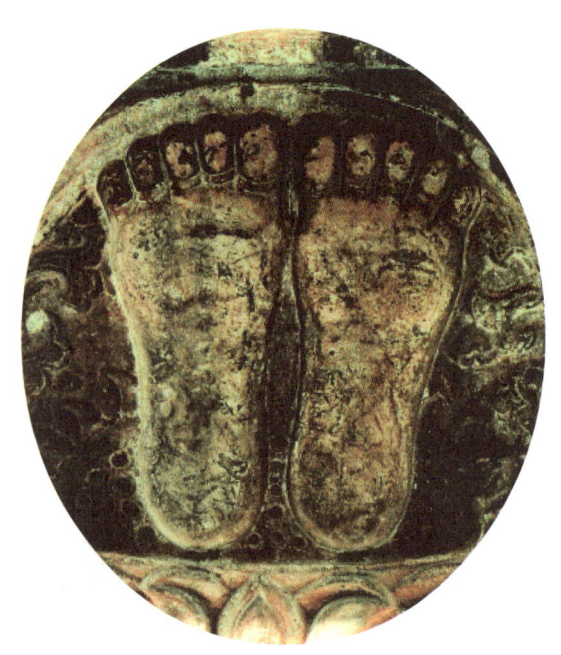

寺内五个大殿几乎完好无损，现在供人居住。但那块刻有佛足迹的石碑却不知去向。最后，我向在石刻博物馆工作的朋友、文物专家刘卫东打听那块石碑的下落。他将一块石碑指给我看。这块石碑破损严重，上面的雕刻几乎难以辨认。

刘卫东提出给我做个拓印。他说："历史就写在这块石头上，即使你看不到。"于是，刘卫东和他的同事郭继华教我如何做拓印，这可是一门艺术。刘说："石碑不是太热、糨糊粘得不是太牢时拓印效果最好。"他把纸从石碑上揭下来，这回，上面的图案清楚多了，比在实际的石碑上面还清楚。"这就是你要的历史记录。"刘先生一边说一边把那块显示着碑文和巨型佛足的拓片递给我。足底刻着吉祥的佛教符号，包括双鱼纹和法轮纹。脚趾上装饰着火焰和佛家的卍字纹。我能看出佛足的上方有一尊坐佛、两位菩萨，顶部还有两条龙的形象。

石碑是明代万历年间刻制的，具体时间为1592年。它讲述了此类佛足迹的符号崇拜是怎样传到中国的。唐朝玄奘和尚去印度时，曾在旅途中看到过这些代表佛陀形象的足迹。类似的图案也在长安（今天的西安）出现过，它们是旅行者通过丝绸之路带到那里的。一种图案又传到了北京。因此，石碑的拓片既讲述了历

史又揭示了图案的象征意义。我真高兴，能把佛祖的一双脚印带回家！

祝祭西王母的节日

在日本，阳历的 3 月 3 日是女儿节 (偶人节)，但这个节日的中国渊源却不甚清楚，因为，按照阴历，这一天应该是三月初三；所以两个日期是不同的。其实，中国根本就没有女儿节了，取而代之的是"三八"国际妇女节。

过去，在北京的城墙外有一个大型庙会，纪念道教的西王母，现在其附近只剩下一座望楼和一小段明城墙，残存于北京城西南角过去所在的地方。在东边，护城河与一条水道相连，水道向东通往通州区的大运河。

20 世纪 80 年代初，这个角楼的对面还有一座破败的小庙。碑文表明，这里原来叫蟠桃宫。庙前贴有四块菱形的大石板，上面分别写着四个字："蟠桃圣会"。另一块标牌说明，这是一个文物保护单位。尽管只是一座小庙，但它可是敬拜西王母的一个中心。

不过，我第一次去的时候，却发现寺里挤满了砖砌的小屋。附近玻璃厂的工人家属占据了院里的两座小殿。"我们的庙会在北京很有名，四面八方都有人来。但是蟠桃宫已经没有了，"一位患有白内障的老人叹息道。

据说，西王母住在西部的昆仑山上。传说是这样说的，有一棵桃树长出一根枝杈延伸了数千里，西王母闲来就可以摘桃子吃。在道教中，桃子是长生不老的象征，王母娘娘则是女性生命力的集中体现。据说，每年的蟠桃宴，天上的所有神仙都会来到她的宫殿参加这场盛宴。

很难想象，北京最盛大的庙会之一就在这座小小的庙里举行。在阴历三月的前三天，女孩子通常要把头发盘（与

"蟠"谐音）起来，以符合蟠桃的特殊形状，表示她们已到婚龄。庙会同样很受祈求延年益寿的老年妇女欢迎。这座寺庙也不时地充当妇女收容所。

今天，望楼对面只剩下一座大石碑。就在我觉得一切关于这座寺庙的记忆都已不复存在时，我遇到了文化遗址研究学者、画家张先得。50年来，他一直在为北京老城墙的塔楼和城门（如今多半已不复存在）画水彩画。"每当听说又有一部分城墙要被推倒，或者又有一个门楼要被拆毁，我就马上带着素描本赶到那里，把它最后一次记录在纸上。"他回忆道。

张先生坐在家中桌前向我展示了一幅又一幅画作。我问他怎么会对画城门感兴趣，张先生回答说，他就出生在地安门脚下。"我家的房子紧挨着地安门，所以我还记得1954年它被拆掉的情景。"每幅画都记录着北京的一段历史。

我问他是否知道北京城西南角那片地区。"你是指老蟠桃宫附近吗？"他问道。由此我知道他是了解情况的。"那块石龟背上的大石碑，你知道，就是过街天桥旁边的那个。它原来其实不在那儿。他们在建新路时把它向西移了，"他说。"我之所以记得，是因为上世纪50年代的时候那座庙的大门是个修车铺。"

他举起自己画的蟠桃宫，说："这个庙会最令人难忘的就是小吃。河两岸全是小贩们摆的食品摊。"供奉西王母的蟠桃宫早已不在；但是，从某种意义上说，那里的传统却通过日本3月3日的偶人节和张先得的水彩画保存了下来。

石头和庙宇

宁静春景中的石殿

　　土路从采石场和成堆的泥灰中穿过。道路两旁，工人们忙着弄碎山上的石头，为北京的城区扩张提供建材。我的家人当然无法相信，我带他们到这个空气受到污染的地方是来野餐的。几乎很难想象京西这一片繁忙的地带还藏着一条宁静的山谷。

我在一个工人的露营地发现了一座高高的石牌楼。住在当地的张先生说，这里过去是一块和尚的墓地，石牌楼就是墓地的入口。墓地里保存着山谷里三座寺庙中和尚的骨灰。"这三座庙现在已经荒废了。"他又说，住在这里的人已经不多，因为"那两口水井没多

少水了"。

石门外有一条不起眼的踏脚石小路，蜿蜒穿过两座小山之间的缝隙，沿着一道干河床逐渐向高处延伸。我第一眼看到那座隐藏在群山中的石殿，惊得屏住了呼吸。一切是那么寂静，只有空荡荡的石殿和四下散落的几块石碑。这就是环秀禅寺。

庭院里的一棵梨树正在开花，白色的花瓣轻轻落在旁边的石碑上。我的狗蜷在石碑旁边。在这个只有石头的地方，它很快平静了下来。这座寺庙的建筑主体、屋顶和窗户都是石头做的。没有横梁的大殿里有三个空空如也的佛龛，佛像已不见踪影。不过，门框和窗框上的雕刻倒满是宗教符号。这座石殿建造者的天才的确让人惊叹。

看过一块石碑上的碑文后我得知，这座寺庙是在12世纪敕建而成的。另一篇碑文说，那座没有横梁的大殿是明代建造的。但是，最让人满意的是那块侧躺着的石碑。不知是谁用几块石头把它支起来，恰好成了个理想的野餐桌。吃过午饭，我们全家人一道进入了午后的小憩。这可是享受宁静春景的最佳方式：四面环秀，远离喧嚣。

纪念"大黑天"的石台

蒙古的守护神，日本的福神，印度佛教里受敬拜的黑天，印度教乔装的湿婆，都是玛哈噶喇的化身。但是，北京城中心为什么会有一座供奉他的神庙呢？

黑护法护是佛家戒律的保护者，一个戴着骷髅项链的可怕形象。玛哈噶喇是梵文的发音。在日本，他被称作"大黑天"，也是保佑稻谷丰收的"福神"。中国人也把这个形象称作普渡。因此，这座位于紫禁城东的前喇嘛庙既叫玛哈噶喇庙也叫普渡寺。

1985年，我拿着一张1939年的地图寻访这座寺庙时，大多数人一听我问起普渡寺的所在就马上明白了。这一带的胡同错综复杂，简直就像迷宫。最后，一位老人指引我们来到一个五米高的土丘上，不过原来寺庙入口的地方现在已经盖起了许多砖房。此庙建于1457年，原是一座宫殿，后来成为清朝初年顺治皇帝的摄政王多尔衮亲王的宅院。康熙皇帝于1691年把这里变成了一座喇嘛庙。一座著名的玛哈噶喇塑像从蒙古运来，供放在此处。很显然，清政府很在意将这个蒙古人的象征囊括在帝国之内，甚至实际上在皇城之内。

那扇大门尽管从建筑上说保存完整，却已

经成了一家喧闹杂乱的商店，挂着晾干的面条在微风中摇荡。商店背后就是一座孤零零的大殿。当时，大殿是南池子小学的一部分。垃圾堆到处都是，大殿美丽的雕花大理石基座几乎看不出来了。

十年后，我故地重游，遇到一群坐在夕阳里聊天的当地老人。一位老太太说，她在这里住了46年，还记得那尊黑玛哈噶喇塑像以及每月初一和十五的庙会。老人们都记得两个用蒙语念经的蒙古喇嘛。小学校快关校门了，不过他们还是让我进去看上一眼。那座大殿不再用作教室，其宽阔的开间和屋顶使这里显得恢宏大气，令我印象深刻。

一位老人讲起了一个传说，说建筑师发现自己在设计屋顶时出现了计算错误，绝望之中，他除了自杀别无出路。那天，他们的厨子生病了，一个陌生人来替班。工人们发现他做的菜咸极了。这位新厨师只是不停地重复这句话："我把盐放多了。"建筑师听出了这话中的玄机，"盐"与"檐"同音，意思是让他们"多加一组屋檐"。厨师不见了，大家推断，这一定是木匠的祖师爷鲁班化身来点化他们。于是，这座宏伟的大殿就多了一重屋檐。

在21世纪的今天，这座寺庙已经旧貌换新颜。我惊奇地发现，大殿前的一整块地都已清

理干净，变成了一座可爱的公园。这使得高高的大理石台座上的优美雕刻显得异常醒目。这座"多一重屋檐"的"大黑天"庙重新展现出一位守护神应有的力量。

篮球场上的石头

善果寺是北京城最古老的寺庙之一，其历史可以追溯到公元11世纪的辽代。善果寺庙会定在六月初六，同一天皇家还要在附近的河里

举办洗象节。先看洗象、后逛善果寺庙会已经成为一种风俗。

我曾读过日本考古学家鸟居龙藏写的一篇1937年参观这座寺庙的游记。当时，一所学校占用了寺庙的前面部分，鸟居描述的是宽敞的后院和精美的大殿。一位老和尚带着他在寺院中转悠，他的目光集中在了一根刻着佛教经文的陀罗尼幢(石柱)上。这根石柱和另外一根刻有夜叉的石柱都是辽代的，这使得鸟居很感兴趣。它们和他曾看到过的其他契丹佛教艺术品相类似。和尚请他喝茶，二人围坐在火炉边。和尚对密教在日本的广泛传播表示钦佩，并且希望密教能回归中国，得以复兴。

1995年，我又去探访那座寺庙，关西街小学仍然占据着庙址的一部分。一位老教师带着我四处走了走。她说到现在支撑着篮球架的一块大理石雕是一件寺庙遗迹，这真是令人惊讶。那是一个基座，也许属于某一根早已消逝的辽代石柱。她还能够忆起被用作教室的一座大殿里高大的木头柱子，这座大殿在20世纪80年代早期为了盖新校舍拆毁了。庙的前门和配王殿已成为隔壁制表厂的一部分，但它们在一年前被拆掉了。两座小偏殿仍然矗立在旁边接待中心的院子里。可惜，鸟居所描绘的精美的大殿已经消失了。不过我看到地基上留下的孤零零的石柱基座后甚感欣慰，并且希望学校能够把它作为一个象征保存下来，以使记忆永存，使学生们不时想起鸟居先生如此珍爱的这座庙宇。

九九重阳登古刹

农历九月初九，按照传统，是与亲朋好友相偕登高的口子。那天我朩打算去探访京西

门头沟区的一座古庙，但我们中间没人知道从仰山脚下走哪条路进去。我们到附近的樱桃沟村问路，一位老妇人肯定地指着一个方向，然后用手指在空中比画来比画去，拐了许多道弯，让我们跟着走。

我们走入这条处于五座山峰环抱之中的深谷，沿着一条崎岖不平的石路缓缓地盘旋上山。高草不时挡住我们的去路。最终，我们面前出现了一圈高高的砖石垒成的墙，环绕着废弃的古庙庭院。通向大门的路杂草丛生，我们不得不拨开荆棘和蛛网，在遮盖住古道的齐腰深的荒草中摸索前行。

墙内，原来的栖隐寺已所剩无几。两块残破的石碑躺在杂草丛中。一块12世纪的石碑只有顶部碑文能读。我们做了一张拓片。从另一块石碑上我们可以知道，这里曾经是皇家捐资建造的寺院，住着几百位僧人。这很难想象，因为今天的它是如此孤寂、荒芜。

在墙后，我们看到一些佛塔的遗迹，这是从前的僧人最后的安息之所。为了更仔细地观察这些佛塔，我们沿着墙另一侧的阴沟下去，来到佛塔脚下。大部分的佛塔都已倒塌，变成一堆堆的砖块和石头，只有两座还保存完好，其中一座塔身有一个优美的弧度，好像

一个瓶子。我们就它们的建成年代发生争论：到底是蒙古时期还是更早？最后也没形成统一的结论。

在附近的矮树丛中，我激动地发现，那条现已干涸的狭窄石槽显示出深山的泉水怎样经由这座寺庙流入山谷。这么说，正是这个水源维持着这座曾经宏伟的寺庙和金代水院。

下山之前，我们站在寺庙的石墙上大声唱起那首流行歌曲《九月九的酒》，就这样度过了一个难忘的九九重阳节。

"颠倒" 庙

我只见过一次慈慧寺的石头遗迹，那是1986年8月。寺庙的庭院被北京造纸厂用来盖厂房，不过，庙门口拱门上方的石板上仍然刻着它的名字。一位77岁的老人说，直到最近，这里还有僧人的住处。他回忆说，一块石碑被挪到了十三陵附近的某个地方。然后，他兴奋地向我们指点过去用作标志的一对大理石柱。

这座寺庙是为那些进宫侍奉皇帝者的亡灵祈祷的地方。寺庙的后院是明代的妃子、宫女和太监们的墓地。因此，这里还有一个名字：宫人斜。老人还记得这里有一片葡萄园。

我还听说过另外一个关于这儿的奇怪故事。这里有一座小白塔，是1000年前由一位教士为纪念一只小蜘蛛建造的，据说，这只蜘蛛在供桌上向佛像鞠过躬后就死了。甚至到了20世纪20年代，"蜘蛛塔"的院子四周还有许多石碑。

但是，阜外北街的居民还知道关于这里的

另一个故事和另一个绰号。当地人把这里叫做倒影庙，更亲切的叫法是"颠倒庙"。这是因为，光透过一面黑墙的小孔打进来，站在墙前的人就会看见自己的倒影。很多人都迷信地认为，这能显示你未来的命运。过去，宫女在进宫之前都会到这里来看看自己的倒影，并把这作为一种仪式，表明自己接受了伺候人的命运。

1986年，蜘蛛塔不见了，这里只剩下大门、一座大殿和几块石碑。一个引人注目的情况是，后院的地面很低，保持着明代时的高度，几乎比周围地区低两米。我去找过去的墓地，但只找

到了一道倾圮的残墙，没有找到坟墓。造纸厂用这个地方堆煤。

这是我最后一次见到这个地方。后来，路拓宽了，那儿变成了一幢现代化建筑。那片低地已经填平，铺上水泥，成了停车场。我猜想，在底下兴许能找到那些明代宦官、宫女，甚至那只神蛛的遗骸。

香粉寺的石雕

"这个地方从前可大了！"海淀区永丰村的一位本地居民说，"逢年过节，我们都举办很盛大的庆祝活动。"我于1995年12月的一个寒冷冬日前往参观时，残余的佛殿成了家具厂。这就是香岩寺，它的一个院子里长着一棵有趣的树——"槐抱榆"（槐树抱生着一棵榆树）。大门前栽种着许多古树。

前院有一个很大的石头平台，四下散落着许多石块。这些都是石头窗棂和门楣的残存部分，上头都有十分精美的雕刻，特别是那些从前用在山门拱门上的石头。山门有三个口：一个供人走，一个供神走，一个供鬼走。石刻都有象征性。有些是故事或寓言的一部分，石头上雕刻着龙、猴子、戴着古怪的阿拉伯帽子的骑驴者，还有许多神话中的怪兽。让我吃惊的是，这个村野之地居然会有技艺如此高超的石雕工艺品。这座庙与皇室拨款在山里建造的寺庙不同，也不是什么富有的宝刹名寺，它就建在首都北面一片地势平坦的田野里。

平卧在两堆木柴之间的那块清代石碑讲述了那段历史。据说，康熙帝的皇后生病失聪，但是，她坐轿经过这座庙时，却听到了诵经和奏乐声。出于感激，皇后捐出自己梳妆打扮的月例银子修缮了这座庙，庙也由此更名为"香粉寺"。这

足以解释这样一处地方如何能花得起钱制作如此精美的石雕，区区一个寺庙规模何以会有五进院子之大，还有这座寺庙为何会管辖当地的其他72座小寺庙。

几年后故地重游、寻找这个地方时，我发现周边地区已经成为迅速发展的高科技开发区的一部分。我担心这座寺庙恐怕已经不复存在。但是，它依旧安然无恙，甚至还有了一位决意要把它修葺一新的王姓看门人。由于疏于照料，那棵"槐抱榆"已于20世纪90年代末枯死；不过，我原先看到的那些精美石雕都整

齐地码放在一边。王先生就这些石雕发了一通感慨："这些东西都是满心虔诚雕刻完成的。如今可造不出来了，就算是仿制出了一模一样的东西，也没有那份虔诚了。"这些石雕当然会在修缮后的庙中成为陈列品，条件是要与所有的残片相配。

西黄寺石塔

我终于走进了西黄寺！两年来我曾多次被拒，因为按照官方规定，游客身份受到限制。我以前从未想过走官方渠道达成目的。幸运的是，德国大使馆的朋友邀请我和他们一起到那里参观。我们编了个谎，于是，我成了他们的翻译。

当我们于1985年1月20日来到寺前时，四位身着深褐色僧袍的和尚正在门口迎候我们。他们属于喇嘛教的黄帽宗。他们陪同我们走进庙门时，我们太激动了，把翻译的事全抛到了九霄云外，竟然讲起了中文。这座喇嘛庙是1652年为迎接五世达赖喇嘛进京而建的。

我们真正来看的不是佛殿，而是那座著名的宝塔上漂亮的汉白玉石雕。这是一座造型独特的16米高的建筑，在基座四角上各有一座较小的宝塔，属于曼荼罗造型。它其实是一座佛

塔，但里面没有骨灰，只有六世班禅的衣冠——1780年，他在前往首都为乾隆皇帝贺寿的路上死于天花。

塔顶就像一个倒扣的冰激凌圆筒，端坐在八角形的塔基上，上面的塔尖让我想起了带长耳朵的镏金喇嘛帽。整座石塔矗立在庞大的大理石塔基上。塔身的每一面都精细地雕刻着大约40尊姿态各异的佛和菩萨，还有铭文及莲花图案。塔基上雕刻着佛陀的生平故事。每一角上都有一个大力神阿特拉斯一般的石像。

由于义和团曾经把这座寺庙用作基地，所以这里在1900年遭到了外国军队的严重破坏。所幸，这座宝塔是用坚硬的大理石建造的，所以挺过了侵略者的劫掠，只受了一点轻伤。我们在宝塔前上香，然后告辞。我们离去时，门口的四位喇嘛露出了愉快的笑容，因为我们似乎感到很满意。假冒的翻译当是其中最满意的一个。

药王庙庙会依旧人山人海

气温已经到了36℃，但酷暑仍无法阻止人们前往北京西南一处贫困郊区的药王庙参加庙会。看丹路两旁装点着大幅彩旗和红灯笼，这条路通往一个供奉着"药王"孙思邈的小庙。每年的农历三月二十八是他的寿诞，今年的这一天处于公历5月中旬。从喧闹的锣鼓声和摊贩们招徕生意的吆喝声来判断，庙会显然正进行得如火如荼。

孙思邈生活在公元6世纪的山西，活了100多岁。他一生采集草药，是一位广受尊重的医生。他的医术非常神奇，历代皇帝都要向他祷告，祈求身体康健。他在中国各地3000多座药王庙里受着香火。

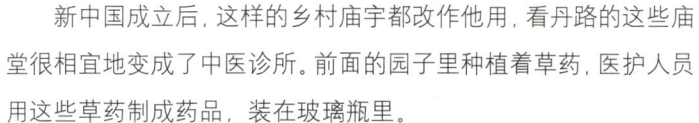

新中国成立后，这样的乡村庙宇都改作他用，看丹路的这些庙堂很相宜地变成了中医诊所。前面的园子里种植着草药，医护人员用这些草药制成药品，装在玻璃瓶里。

尽管主要院落里的几块大石碑都已破损，但它们仍然记录着这座庙宇过去的庙会和连年修缮的情况。在举办庙会的日子里，人群和临时摊位几乎完全把这些石碑遮挡了起来。一个演员平静地坐在形状很像乌龟的碑座上。还有许多石碑一块挨一块地堆在戏台后面，它们大多记录了那些曾经捐助过寺庙活动的香会的名称。但是，没有人注意到这些古旧的石头。所有目光都集中在舞台上。一个香会正在表演舞狮。

年久失修的殿堂最近经过了修缮，沉寂将近50年的庆祝药王诞辰活动终于又有机会重新开展了。当地警察把守着入口，出售五元一张的门票。"拉洋片"（一种用幻灯放映画张的民间艺术）的说书人招呼过路人来看他的独角戏表演。交上一元钱，人们就可以透过窥孔观看与他讲述的中国古老传说相对应的画片。王学智四十出头，身穿灰色唐装，挽着长长的白色袖口。为了引起大家的注意，他拉了拉一根绳子，顿时锣鼓声齐作。然后，他开始高声吟诵当天的特色故事——八仙过海。对人群中的老人们来说，这一切没什么新鲜的，不过，孩子们可着了迷，他们急切地推来搡去，想要抢个位置亲眼看看这些画片。

另一个脍炙人口的故事讲的是药王漫长一生中的伟大事迹。故事说，一天，药王在山中采药，他的驴子走失了，成了老虎的美餐。怒不可遏的药王招来了附近所有的老虎，逼它们招出实情。最后，一只老虎承认自己就是罪魁祸首，于是，它不得不代替驴子，终生给药王驮东西。这就是为什么每座药王庙里都有一座老虎的塑像。

当说书人王先生洪亮的声音响彻整个院落的时候，人们正在后殿向着新近塑成的药王和三官像祷告。墙壁上彩绘着相同的故事。与此同时，两个侧殿里满是医护人员，在三天的庙会期间，他们向所有人提供免费咨询。

院子里，一个农村老太太在焚香祈求身体康健。然后，她走到一位护士身边，抱怨说自己老是背痛。她还脱下一只鞋，给人看她脚上的毛病。她可没有把希望完全寄托在祷告上。药王也是。

石 桥

卢沟桥上的复杂心绪

北京给人印象最深刻的石头建筑之一就是

12世纪建于永定河上的卢沟桥，它标志着金朝极高的建筑水平。作为一处现代历史遗迹，它还见证了日本和中国之间的战争及其给人类带来的莫大苦难。

金朝皇帝曾赞叹"卢沟晓月"的美景，它成为"燕京八景"之一。月光皎洁的夜晚，桥上的石头狮子在留有深深车辙的石板上投下长长的阴影。据传说，它们经常变换位置，数百年来，这样的景象总是出现在无数个相似的晚上。聚在桥上欣赏秋月已经成为了一项非常大众化的活动，到了夜晚，道路两旁都是小贩，桥上游人如织。

不过，20世纪80年代初还可以开汽车过桥。一天，我们和家人一起去参观这座久负盛名的"马可·波罗桥"。我们缓缓驱车过桥，数着狮子，天真地打算通过下游的新桥返回。刚刚过了桥，我们就被卫兵拦住了。不知出于什么原因，外国人可以上桥，但不得踏上桥另一侧的土地。有个军人既不让我们进去也不让我

长时间的激烈争论之后，我们终于获准调头，开车再次碾过那有900年历史的车辙。

大理石断桥 通往过去

道光皇帝的七皇子决定离开都城，在北京西北的阳台山脚下隐居。为了避开歇斯底里的慈禧太后，他搬出宫过上了僧侣的生活。1868年，他选中了一块环绕着古松和银杏树的风水宝地，在那儿修建了自己的寺庙和坟墓。

陵墓建在一座唐朝古刹的遗址上，这座名叫法云寺、又名"香水院"的古刹也是12世纪的金朝皇帝最喜爱的休养地点之一。不过，皇子坟墓的高墙使得人们无法走进这处

们返回。车里坐着的远道而来的年迈父母和我的孩子都很害怕。这种局面令人困惑。经过了

遗址。

因此，到墓墙后面去探险是需要一定勇气的。我沿着一条羊肠小道向东走，下了山坡，进入野地里的一片高大松林，不知道这一天是否能探寻到历史。但是，我马上看到大片藤蔓上出现了一座大理石断桥，它与往昔仍保持着联系。我不能确知它建于何时，但它至少比前面几位侵占者的陵墓要早。

一位老杂工熟练地打开了一处秘密泉眼上的盖子。我扒着井沿向下看，一片漆黑，什么也看不见，但我听到了下面涌出的泉水汩汩流动的声音。从前的庙宇留下许多引水石槽，从这里开始，沿着院墙西侧一直延伸下去。站在这样的地方，我们会意识到，即使古迹上面建起了新的建筑，古迹的魂灵仍将萦绕不去。

北京唯一的过街楼

北京郊区仍保留一些像桥一样横跨道路的过街门楼。直到20世纪90年代末，城里的宣武区也还有这么一座。它是一座小庙——观音院——的一部分，这座庙在道路两旁都有佛殿，此外就是这条横跨道路的小殿了。1995年我前往参观的时候，西侧的佛殿被一所学校占用，另一个单位占用了东侧的殿堂。这个小小的过街楼似乎是孤零零地耸立在那

里，已经破败不堪，但上面还有屋顶，正面背面的拱门上方还嵌着石匾。朝南的那块石匾上写的是一个深富哲理的词：觉岸。

一个买菜的先开了口。他说："这个门楼要拆了。整个居民区都要重建。"哦，我简直无法相信。独特的小庙下面是这条古雅的街道；还有，这是孩子们快快乐乐上学的地方。

我下一次去那儿的时候，学校和佛殿已经彻底消失，但小小的过街楼还横跨在路上，与学校相连的那一面，砖块已经所剩无几。的确，整个居民区都拆干净了，但过街楼似乎还有一线幸免于难的希望。然而，拆除工作进展得相当快。人们尚未来得及考虑怎样把这道不寻常的风景与北京的现代化发展融合在一起，它就被铲除了。不过，令我感到宽慰的是，我有机会给它拍下照片，甚至还爬上了当时北京仅存的这座过街楼。

山野石庵中的"三步"桥

密云水库以北的群山里坐落着一个几乎已

为人遗忘的石庵。你必须翻过一个山口，绕过沿途的大片巨石，才能来到山嘴另一侧的平地上。超圣庵建于11世纪，由于地处偏远，才得以维持了古老圣地的朴素风格。

守门人高先生打开了一扇通往两个小院的门。院子里有几棵古柏，还矗立着一些石碑。高先生说，自从香港的一位商人捐资塑成了新的佛像之后，这里的游客增加了。

院子的背后是一条小径——路上先是新近铺设的砖块，然后是古老的石块——经过一个小神龛（里面供奉着当地的神灵——白蛇和青蛇），然后通向直抵观音洞的百级石阶。顺着小径向前，是一座小拱桥，桥下是干涸的河床。我非常喜欢这座桥，因为它真是太短了。上桥走三步，过桥走三步，下桥走三步。这座小桥过去肯定更为动人，因为附近散落着石柱和石梁，都曾是一度耸立在桥头的狭小山门的一部分。

山门前还曾立有石狮子，但这些狮子已经翻倒，或者放置在小径两旁。这些石狮饱经风吹雨打，看上去更像是温柔的小青蛙，而不是威严的狮子。摸摸小桥上的石头，我们可以清楚地知道，用来建造这座石庵的石头其实很容易碎裂。"三步"桥和那几个青蛙般的图腾都以一种质地较软的石头为原料，是石庵脆弱不堪的残留物。

香客和养蜂人

　　两棵20米高的参天古柏笔直地耸立在万善桥下。万善桥是一座特殊的石桥，也是首都最别致的桥梁之一，因为它的桥洞非同寻常地高。目前的结构是15世纪末修缮时形成的。农历三月十五，香客们就从这里开始登山，前去参加天台寺的盛大香会。一位老人还记得昔日成群的香客蜂拥过桥的情景。两棵树之间矗立着一尊石佛，庇佑着路人。但现在这里却游人寥寥。

7月里炎热的一天，一家养蜂人在桥旁搭起了帐篷。他们的帐篷挤占了古柏间的空地，蜂箱散乱地堆放在进香的老路上。他们发现了一个最舒适的落脚地点，附近还有一眼古泉作为水源。我碰巧来到他们的宿营地时，他们正忙着往塑料瓶子里倒蜂蜜。养蜂人打开一个用作蜂房的木箱，骄傲地炫耀着箱子顶端凝集的深棕色蜂胶。他用棍子刮下来一点，自豪地说，这些蜂胶能卖个好价钱。

在他们中间有一个小姑娘，她的父母负责教育她。她正坐着往笔记本上抄写句子，对身旁的蜜蜂浑然不觉。

这些养蜂人并不像人们想象的那样无知。由于长年南来北往，他们掌握了关于整个地区的大量消息。这些居无定所的南方人甚至对国际事务也发表自己的见解，例如就中国驻贝尔格莱德大使馆遭轰炸直言不讳地表达他们的民族义愤。

尽管这是一处依山而居的理想地点，很少有人过桥，还有可口的甘泉，甚至还有石佛相佑，但他们不会久留，一般在一个地方待上两个礼拜就要走。他们计划在接下来的一周里带着帐篷和蜂箱到北京北郊去。不过，作为北京季候性的居民，他们明年肯定还要回到这里，再次落脚于这座精美的石桥边。

石 兽

"先有石窝村，后有北京城。"

在房山区南部的石窝村附近，公路两旁有数百名工匠在雕琢大理石块。整个地区都回荡着锤子和凿子敲击大理石板的声音。数百年来，这里一直出产精美的石雕。由于北京的建筑业蓬勃发展，他们代代相传的老行当又红火起来。村子北边就有一个很深的采石坑。巨大的大理石块在下面切割完毕，用滑车或手推车运上去，送到雕刻工匠的身边。大块未经雕琢的石料散放在地上，等待着接受不同的设计，发挥不同的作用。

如今，这里的主要产品是北京的饭店和餐馆大门两旁不可缺少的对狮，不过，也有些石块会加工成更具艺术品位的宗教石雕，甚至革命英雄的雕像。一家雕刻厂旁边摆放着一排八个比真人还要高大、姿势各异的毛泽东主席雕像。另一个最常见的形象是观音菩萨，有些是立像，有些则在闭目打坐。

我走到一位正在干活的男子身边，向他询问有关这个职业的情况。这位王师傅夸耀说，

的。他还得意地提到了当地的一句俗话："先有石窝村，后有北京城。"有人说，这里的石雕业从汉代起就开始了，已有将近 2000 年的历史。

王师傅刚雕完一尊佛像，眼下正在雕刻一头中等个头的狮子。我问他："你打算把嘴雕在什么地方？"他大笑着说："这些狮子如今都差不多。人家订的就是这样的。"

标志着旧"犬庙"的雕像

在整个中国历史当中，狗都占据着特殊的位置。据说，在 8 世纪的唐朝，它们就是皇帝的宠物。20 世纪初的照片显示，慈禧太后宠爱的狮子狗"牡丹"总是不离她左右。人们猜测，她有 100 多条狮子狗在紫禁城的后宫里跑来跑去。宫里的太监要维护这些狮子狗的纯种血统，只在彼此间买卖交换。皇室和僧侣最青睐的就是黄毛狮子狗——尾巴向上卷曲，有着长而厚密的毛，看上去就像是幼狮。

喇嘛庙隆福寺以每月一次的集市闻名。更重要的是，那里是北京的狗市所在地。如今，隆福寺已经不复存在，旧址上建起了名为"隆福大厦"的百货商场，有着装饰华丽的佛教风格的大门。附近的胡同里也不像从前那样卖狗了。相反，狗市在北京郊区迅速兴起。其中一

他的先辈为北京的皇宫做过石雕。他解释道，那些用于凿刻紫禁城的台阶和柱廊的汉白玉就是从这里开采，然后在冬季沿着冰面拖进城

处就设在城东的一条尘土飞扬的乡间大道上。狗市只在农历初四、十四和二十四的上午开市，在公路两旁绵延大约一公里，展示着自行车筐里或摩托车上笼子里各种各样的幼犬和成年犬。折叠桌上陈列着宠物用品。一条小"吉娃娃"狗从汽车后备箱里探出头来。

狗曾经是北京生活不可或缺的一部分，甚至还有一个专门为狗祈求健康的地方。在一家豪华酒店旁边，有一只头部残缺不全、似乎已经被人遗忘的石兽。临街的铺面如今是一家内衣店，后面的房舍则是北京唯一一座"犬庙"（这是它的俗称）遗址。估计这座庙建于1000多年前，最初是为了供奉二郎神，但本地人在此虔心拜祭时想到的却是他的爱犬"啸天犬"。如果想让人恢复健康，你可以向二郎神等诸多道教神祇祷告，但只有在这里，你才能为自己生病的宠物祈祷。就是说，这条神犬是北京唯一一个动物守护神。当年，人们会带着自家爱犬的小型木雕或石膏像来到这里，祈祷时把它们放在祭坛边上。如今，只有路边的废弃雕像提醒人们，曾经有这样一座庙宇存在过。路人经过时，会不经意地拍拍它。

笑笑，再笑笑

延庆镇东南端有一座经过整修的庙宇，其历史可以追溯到13世纪。这座寺庙正式对游人开放之前，我曾于1997年前往参观。那是一段难忘的经历，因为我看到了许多笑容。两头咧开大嘴笑态可掬的石狮守卫在灵照寺前的台阶两旁。这类雕像的表情通常都是傲慢甚至严厉的，从没有这两头狮子那样滑稽的。也许正是由于这个可笑的欢迎姿态，人们才忽视了摇摇欲坠的大门上悬挂的"禁止入内"的标牌。

第一进院子里有许多破损的石碑。有一块石碑上精心雕刻

着两条蟠龙。它们同样咧开嘴在笑。除此之外，还有一块石碑的基座上雕有一个龙头，虽经岁月磨洗，这条龙的脸上也带着一抹得意的笑容。一排从附近古迹搜索来的石狮全都面含笑意，看来当地的工匠有个雕刻笑面的传统。

周围似乎没有人。配殿里堆满了稻草和农具，佛殿的大门大多紧锁着。正殿里只剩下几个破灯笼。不过外面的木门上，细致的雕花还十分清晰，表明这不是一般的乡村神庙，而是

延庆镇最重要的寺庙。侧面屋脊上有一块浅浮雕，雕的是一条蟠龙，嘴张得很大，也是在笑。不过，我们往外走的时候，守门人从小睡中醒来，向窗外张望着，脸上却没有一丝笑意。

五十年后仍然显示地位的门墩

1985年4月，一批在二战前驻中国的美国记者应邀回到这里，参加重聚活动。他们当中包括麻省理工学院的哈罗德和维奥拉·艾萨克斯夫妇（Harold and Viola Isaacs）。哈罗德·艾萨克斯教授著有《中国革命的悲剧》一书（20世纪30年代出版）。他的最新著作是《50年后重访中国》。书中追忆了他在上海担任记者时的点点滴滴。当时，他与宋庆龄和鲁迅都是朋友。

我带维奥拉出去转了一天，寻找她所记得的50年前在这里生活时的一些地点。但是，我

们首先去了宋庆龄故居，在那里，纪念馆馆长感谢维奥拉捐赠了宋庆龄在上海时送给她的衣服。我们还看到一张照片——在被涂抹掉数十年之后，哈罗德的身影重又出现在了这张照片里。照片是在宋庆龄位于上海的家中拍摄的，上面除了女主人之外，还有鲁迅、萧伯纳、林语堂、史沫特莱和艾萨克斯。

找到她从前的住处并不费劲，因为她记得胡同的名字。我在地图上找到了大羊宜宾胡同，是在东城区。我们沿着狭窄的胡同穿行，直至找到这条胡同。但是，是哪所房子呢？环境变化很大，所以她花了些时间才理清头绪。

她逐渐认出了周边的环境。"我记得我们的住处靠近东头。费正清(John Fairbanks，哈佛大学教授)家在我们西边，与我们相隔几个门洞。他们的房子比我们的漂亮，门口的台阶更高，门墩上的雕刻也更精致。"搜索行动开始了，我们在这条胡同里的所有人家进进出出。

那是我第一次真正注意到门墩的不同之处。有些是圆的，有些是方的。有些门墩的雕刻比其他门墩精致。但是，所有这些门墩都是优质白色大理石制成的，底部有伸到门下面的长石片，起到了加固作用。这条胡同显然曾是一处富人区。

维奥拉站在一个大门口，感觉到某种熟悉的东西。她认出了门墩。然而，向院子里张望了一番之后，她发现许多东西都变了。这里原本是独门独户，如今却挤满了临时搭建的砖房，住着许多人家。

我们穿过屋外胡乱堆放的杂物（这里原来是花园）。在院子的最深处，维奥拉倒吸了一口气："那是我的卧室！"门外坐着六位聚精会神画画的年轻艺术家。他们马上欢迎我们加入到他们当中来。目前住在这个屋里的是一个留长发的青年，他告诉维奥拉，自己22岁。维奥拉惊呼道："我住在这个房间里的时候也是22岁！"

沿着胡同往回走的时候，维奥拉数着门洞找到了费正清的房子。她记得很准。门墩确实是很大的圆鼓形，顶上刻有小狮子。甚至在多年之后，我们还是一下就感觉到了这家人的高贵地位。

守护革命公墓的石羊

在八宝山革命公墓里，褒忠护国寺的正殿入口处有一对石羊。大多数庙宇都是石狮守门，而在这里，却是两只石羊静卧在古老的庭院中。我不知道选择这种动物是为了昭示什

找更古老的文物。石羊守卫的寺庙是明朝时为纪念一位著名的将军所建，此人名叫刚铁，自宫以示对皇帝的忠诚。几百年来，褒忠护国寺一直是宦官们的安息地。

不过从附近的古树和一处11世纪的辽代古墓来看，这里还是一处甚至更为古老的遗迹。一些重要地点在历史上是得到反复利用的，这就是例证之一。有些地方一层叠一层地改建，起了新名字，有了新特征。园林上重建了园林，寺庙上重修了寺庙，墓地上重辟了墓地。这些地点的最佳用途是由风水决定的。这里就适宜安葬逝者。因此，我走在埋葬着近现代英雄的墓地里，意识到这里在500年前是明朝英雄的墓地，再上溯500年，这里又是辽代贵族的安息之地。也许不远处甚至还有2000年前的汉代古墓。此地清清楚楚地见证了时空的轮回。

么，但至少有一点，它们天性温良。它们并不像大多数装饰性动物那样恶狠狠地护卫着殿堂或大门，而只是屈腿静卧，凝视着前方。

那是我第一次走进革命公墓。出于对死者的尊重，我从头到脚一身黑。不过，我是在寻

刚铁祠里已经空空荡荡。不过，由于庭院里生长着古树，所以花园还保持着古老的风貌。两块石碑上的文字记载验证了它的历史。但是，真正使寺庙及其周边环境显得尊贵不凡

的却是那两只睿智的石羊。

铁影壁上的石兽

冬日的阳光有助于缓解1995年1月那一天的严寒。我走在德胜门东南的胡同里。这里曾经是铸铁业的集中地，有一条巷子名叫铁影壁胡同。胡同的深处有一座名叫德胜庵的小尼庵遗址。庭院如今已经被杂乱而拥挤的民房占据，幸而残留殿堂的横梁还保留着尼庵的风格。不过从前立在门口的那块有名的通灵影壁却难觅踪影了。

在胡同和繁忙的大街的交汇处，一位卖香

烟的老者穿得厚厚实实地坐在扶手椅里。我向他打听那块著名的元代石影壁的下落。起初，老人不知道我在说些什么，但当我告诉他，这就是他所居住的胡同的名字时，他想起来了，那块约有两米高的大石头已经被人从这里搬走，但他不知道搬到哪里去了。据推测，这块石影壁最初放在元大都北面的一个龙王庙里。传说它是辟邪之物，可以帮助城市抵御从北面吹来的风沙。后来，到了 16 世纪中叶，石影壁才被运到这里，位置就在明城墙以内，用来抵挡每年袭击首都的沙暴。

2003 年我又回到这里，看看这里有什么变化。让我吃惊的是一切都没有改变。连坐在扶手椅里的老人都仍然待在八年前的那个位置。只是这一次他不卖香烟了，而是自愿当起了顾问，讲述这里的故事，顺带纠正附近一块讲述铁影壁胡同历史的牌子上的错误。他说："牌子说错了。这条胡同以铁影壁命名应该是在1911年。"

他的家就在胡同口，所以他能够看到这里世事的变迁。83岁的王恒起甚至记得胡同口当时还立着一个牌楼。他回忆说："解放前这里的和尚并不多，只有一两个。"铁影壁胡同只有200米长，向北延伸，拐两个小弯，然后向右拐，胡同的另一端通向朝东的另一条胡同。当年，铁影壁和尼庵都在第一个弯过去。一位街坊老太太插话说，20世纪30年代的时候，铁影壁上的龙头被人敲了下来，为的是防止它被人卖掉。王老请我到他家中，自豪地展示他独特的收藏——古代年画拓本。我问他现在知不知道铁影壁的下落。这一次，他肯定地说："那东西在1947年被移到了北海公园。"

沿着北海公园的北岸走，你就可以看到这块有800年历史的著名的铁影壁。这块巨大的浮雕泛着红色，给人一种铁矿石的感觉。石头的一面刻着一种怪兽，叫麒麟。它生有牛蹄、龙角、龙鳞，处于海洋的背景中。石头的另一边是一头怪狮，背景是树林，狮子的脚下踩着两只玩耍的小狮子。果然，影壁上面的两个角破了。影壁被移动过两次，所以它一定相当受人重视。不过，它抵挡风沙的能力似乎值得怀疑。

中顶的怪狮

在中国的宇宙论中，数字"五"非常重要。中国道教的五岳就是整个国家的保护者。北京也有自己的五个保护者，那就是五顶。在明朝，所有这些地方都建有供奉北京的道教保护神碧霞元君的道观。相传她是山东泰山的东岳大帝的女儿。

宋朝一位皇帝前往泰山，赐予她"碧霞元君"的封号。时至16世纪，她已经成为北京许多地方香火最盛的女神。作为代表母性的神，人们向她祈求顺产和治愈某些疾病。农历四月十八是她的生日，因此春季有许多以她的名义举办的庆祝活动。

但是，这五顶的道观如今在哪里呢？为了找到答案，我于1997年组织了13位朋友，花了一天时间在北京各地查找这些香火旺盛的道观的所在地。我称之为"五顶一日游"。这种巡游进香的活动与古老习俗是一致的：香客们组织在一起，从一个道观前往另一个道观。我们的队伍是由诸多背景不同、国籍不同的人士组成的，这次活动把大家联系在一起，汇集他们不同的专业知识来帮助寻根探源。这一天结束时，我们在大多数遗址找到了石碑，甚至还有一些古旧建筑。

五顶之一的中顶有几块石头尤其有趣。这个小道观的地势比人们叫做"草桥"的地方要高，草桥是丰台区几条河汇聚的地方。这个一度风景如画的地方如今杂乱无章地挤满了房屋。

一位住在中顶遗址上的妇女说，她的祖父曾于1937年帮助重建了后殿。据她回忆，这里每逢农历六月初一都会举办香会。"那会儿正是花开得最盛的时候，尤其是荷花。"她还把一些石头指给我们看。有一块几乎蒙满了尘土，侧躺在那儿。那是道观的一个后援团树立的一块纪念碑。另一块不寻常的大石碑边沿上刻满了男孩的名字，时间是1696年，落款是"百子胜会"。的确，该组织的宗旨就是祈求送子娘娘保佑生儿子。

然而，这个地方之所以令人难忘，主要是因为立在门口的一尊模样古怪的石狮子。它实在太古怪了，简直像是长着细长尾巴的猫。它的鬃毛刻成了齐肩的波浪型，古怪的脸上有着圆睁的双眼和可笑的山羊胡子。它肯定是北京最奇异的石兽之一。

巨龟内藏三十二体书法

1985年至1995年，北京城向四面八方扩张，农村变成了城市；这十年间，八里庄发生了令人难以置信的变化。过去的八里庄是个郊外小村，位于阜成门以西四公里处。到1995年底，八里庄建起了一排排新式城市住宅、一所现代化高中、一座风景秀丽的公园和林林总总的餐厅饭馆，一条宽阔的公路从旁边横穿而过。

经过这一番现代化洗礼，很难想象那里还会有什么古迹遗址。然而，在那条直通颐和园的引水渠东岸，八里庄塔的对面，就是鲜为人知的摩诃庵。摩诃庵建于1546年，是宫里太监退休养老的地方；据说这座建筑布局设计像一只巨龟，因此是块风水宝地。后殿为龟甲，院中四角的石砌角楼为龟足，山门为龟头，山门殿内的横梁为龟舌。其创建者赵政就葬在这座寺庙的后面。多年以后，此地成了文人骚客麇聚的地方，他们在诗文中赞颂摩诃庵和周边绿树的美丽。

这座寺庙现在是八里庄小学。东配殿过去是教师办公室，里面有北京最珍贵的书法艺术瑰宝。殿内墙上镶嵌着非同寻常的石片，上刻三十二体《金刚经》。这些各不相同的字体中，包括了罕见的蝌蚪文和龙书。现在有些石刻已经交给文物局保管，其余的则用玻璃罩起来加以保护。"文化大革命"期间，庵中的所有经卷都被付之一炬。当时的护庵人李文成先生答应替红卫兵们捣毁所有的石刻，而实际上，他用泥巴把石刻都掩盖了起来。1985年我第一次造访摩诃庵时，李先生还在看护着这座庙。对于"他的"石刻，他仍然感到焦虑不安。"我们什么时候才能重修寺庙，如何才能保护好摩诃庵呢？"他问。

过了这么多年，这座巨龟形寺庙几乎已面目全非。学校的大门用砖堵上，龟舌已发不出声来了。但是前院还有龟的眼睛，鼓楼和钟楼还在。前殿前面有两块雕刻精美的上马石。上马石过去通常是放在临街的大门外的，但在这里，为了供女眷或太监下马，就放在了里面。在第二进院内，主殿建在很高的大理石台基上。然而，殿内著名的明代壁画已经变成了白墙，檀木藻井上的蟠龙也不见了踪影。整个院落外还围着另一道围墙，围墙四角残留着角楼的断壁残垣，它们曾经是保护这座寺庙的龟足。李先生告诉我，角楼的很多石头都被附近的师范学院拉去建游泳池了。

太监赵政的坟墓上曾经长着一棵白皮松——这或许就是龟尾了。然而，据李先生说，1964年这棵白松被砍掉了。当时庙里的和尚没能保住这棵树，伤心而死。次年，为了挖防空洞，从地下挖出了赵政的棺材，尸体完好无损，但是不久就风化了。

20世纪90年代末，小学的老师们认识到了这座建筑的历史价值，知道必须完好无损地保护好这座建筑及其珍贵的石刻。总有一天，摩诃庵将会恢复原貌，龟足重归原位，龟舌伸缩自如！文人骚客可能会再次来此聚首，共赏三十二体书法，在桃花盛开、丁香吐馨之际吟诗作赋，同时感激李文成的护庵之功。

石　径

通往静谧遗址的香道

　　石铺香道也应被视作珍贵文物。经过几个世纪的风雨磨砺，这些光滑的石头仍然通向深藏在北京乡村的寺院庙宇。有900年历史的白瀑寺深藏于京西的金城山中，是北京城最偏远的佛门圣地。1998年夏天我初次到访，第一个难题就是找到正确的道路。最终我沿着一条普

普通通的土路，踏上了朝圣进香的古老石径。沿着石径盘山而上，又过了一道山梁，太阳照在脚下凹凸不平的光滑石头上，泛着光。这些被虔诚香客的脚步磨光的石头诉说着历史的沧桑。走了一个多小时，终于看到远处寺中的古老佛塔，我不禁激动万分！

这条石路最终通到白瀑寺遗址。除了小小的砖塔里还保存着该寺创建者的遗骨外，那里没有留下多少历史遗迹。然而，令人难忘的事情发生在返回的路上。路走了一半，突然雷电交加。我当时正走在一道连棵树都没有的山梁上，是这一带的最高点，心中非常害怕。头上电闪雷鸣，大雨倾盆而下，击打着石径，脚下路滑难走。上山是朝圣进香，下山却成了仓皇逃亡。

等我好不容易走到了山谷里一个小村子，天都快黑了。我和同伴们走散了，在村中的小巷子里迷了路。最后，我走进一个农家小院，透过窗户，看到这家人正在吃晚饭。为了不至于吓他们一跳，我高声说道："我是一个外国人，迷路了。"好在这家人反应平静。他们有说有笑地陪着我在黑暗中走，找到了在村子另一头等我的朋友们。对白瀑寺的古老石径和傍晚村子里曲曲折折的小巷，我一直感到后怕。

要道上的石碑

门头沟区仍然保留着很多古石道。永定河畔就有一条这样的古道逶迤盘旋。1996年，我在报纸上看到一篇介绍刻在山腰上的佛像的文章，于是找到了这个地方。我向附近村里人打听佛像的下落，似乎没有人知道一鳞半爪。

我不停地打听询问，终于有一位当地人指点我到一家大型水泥厂去找。山腰凹进去的形状说明这里开山采石已有很多年头。由于积尘很厚，我几乎无法辨认出采石场上方岩壁上嵌着的四块石碑。要靠近这些石碑，必须穿过采石场，沿着一条到处是锈迹斑斑的遗弃手推车的狭窄小道爬上山去。一个陡峭的斜坡通到山腰间的一条碎石路。

我遇到了 60 岁的羊倌老王，他正赶着 23 只山羊回西石古岩村的家。他告诉我，悬崖上刻着一些佛像。这完全超出了我的想象。

一块石碑上方刻有三个几乎看不见的佛像。另一块绝壁石碑记载了一位 16 世纪的僧人重修断桥的义举，还称颂他重修这条古道的事迹。

河水泛滥时，这条路看起来可能没那么高峻险要，可是今天这条路却十分惊险，远离宽阔的河床，如同峭壁凌空。数百年来，这是一

条将煤炭运出深山的必经之道，其重要性非比寻常。路石上留下的深深蹄印证明，那些马、驴和骆驼运煤入京时负荷是多么沉重。

　　站在这条河边，当然无法想象头顶上有一条古道紧贴危崖凌空而过。我后来发现村民们都知道那些石刻。是我问得不对。他们就把这个地方叫做石佛岭！

通往"旮旯庵"的石阶

　　"你去过旮旯庵吗？"置身海淀区凤凰岭风景区的群山之中，好几个人这样问过我。"旮旯庵"是当地人给山中的一个小尼庵起的绰号，这个尼庵坐落在一个深谷中。"旮旯庵"的意思是隐藏在角落里的尼庵。那里没有多少东

西留下。但是不用看到尼姑庵遗址，石头就昭
示了它的历史。

　　这所尼庵最初叫"妙峰庵"，实际上包括两
个山洞和下面的一个院子。我第一次去的时
候，那里野草丛生，一些石头杂陈其间。在一
个洞前，有一尊残破的石佛侧躺在地上。接着
我发现一条很窄的石阶沿着一块 20 米高的巨
石盘旋而上。我登上53级台阶时，能够想见尼

姑们如何登上台阶，进入自己的隐居之处——
巨石上方一个小小的石洞里。

　　同一个地方佛道遗址并存，原来是佛教寺
庙，后来成了道观，中国很多宗教圣地都是这
样。到了清朝，这座尼庵就变成了桃园观。秉
承道家的医学传统，这里的道士都接受行医训
练。如今道观正在重建中，而那两个洞穴仍然
供奉着佛教诸神。

　　窄小石阶的挑战依然存在。爬上这些石阶
后，你就可以充满自信地问别人："你去过旮旯
庵吗？"

戒台寺古道寻踪

　　戒台寺是西山一个主要旅游景点,寺中那块五米高的汉白玉戒台是北京的石头奇迹之一。1000多年来,中国北方的许多和尚都曾在这里受戒。人们现在仍然可以从下面的路开始,沿着古石道一步一步登上山顶。秋高气爽的一天,我用了将近两个小时沿这条古道上了山。开始时,我不得不穿过一座水泥厂和一个尘土飞扬的村子。但是,沿途不时可以看到一些饱经风霜的松树,为我充当路标。这条道途经石佛村,这个村子因为附近山腰间雕刻的小石佛而得名。小佛龛中的22尊石佛,其历史均可追溯到15、16世纪。

　　我见到了村里的一位百岁老妇人她的儿媳妇、孙子孙女们和曾孙辈领我进了她的屋。她躺在靠窗户的一张床上，看着窗外的路，很想跟一个外国人说说话。她记得过去游人成群结队地前往戒台寺进香，尤其是在初春时节。老太太还说起了村民们"文革"时是如何用稻草把大佛盖住，使其免遭"红卫兵"破坏的。

香道变得非常清晰，因为古老的踏脚石与车道分开了。这些磨光的踏脚石证明了这块圣地是多么为人热爱。过了一道刻有精美佛像的明朝的石门，石道通向寺里僧人的墓地。松树林中的一组佛塔给这块圣地平添了几分肃穆威严。石道岔开一支，进了寺门；另一条则绕过戒台寺，曲折经过几个山洞和一座明代石塔，最后到达马鞍山的极乐峰。

1997年我组织北京国际学会的一大群人走这条朝圣之路，当地的几位专家则给我们解释佛塔的象征意义。但是为了防火，山顶被封。我说我们都不会抽烟，我们40个外国人和三名中国历史学家到了这里就是要上去看看那座明代佛塔，那是我们的研究对象！带着红袖箍的女看门人态度很坚决，就是不让进。但接着我们看到山腰有几个人在走。"哦，要罚他们款的，"她说。解决办法显然有了。"罚多少钱？"于是，我们所有人都预先接受了五元钱罚款，然后得以继续登山，直至明代佛塔脚下，走到了这条古道的尽头。

根雕艺人让金陵故事流传

北京郊区的九龙山谷荒无人烟，最后一座房子位于山谷狭窄的入口处，此地名叫龙门口，真是实至名归。再往里就是方圆60平方公里的坟场，埋死人的地方。这里就是金代帝王陵墓所在地。金代（中国北方女真族建立的朝代）的九位皇帝从12世纪中叶开始占据中国的半壁江山达120年之久，直至最终被蒙古人推翻。

九龙山有九条山脊，每条山脊旁形成一条小山谷，每条小山谷里就有一位皇帝的陵墓。然而，这个庞大的墓地如今成了废墟。明朝统治者将这里捣毁，他们是要故意冒犯、亵渎他们的对手——日益强大的满族人的祖先。

居住在龙门口的村民成了这些山谷的看护人。他们守着默默无语、荒草萋萋的石头陵墓，让这里的故事一代代口耳相传。56岁的刘守山就是这样一位守墓人，他生于斯，长于斯，家里靠种植果树为生。现在这里正在进行考古发掘，他也帮着干点杂活。对这里的古墓和周围的山谷，他很了解。

他解释说，满族皇帝下令修复了其中的两座王陵，然而即便是这两座王陵，也已经毁于风吹雨打。老刘指着散落在草丛中的黄色琉璃瓦和远处一个破败的土包说："那就是太祖墓，太祖皇帝的陵寝。"

老刘赶着一大群山羊登上一道狭窄的斜坡，到了坡顶又讲了一个故事。这里的遗址不是金代留下的，而是为抗金名将岳飞而立的纪念碑，特意建在这里就是为了镇住金陵中的鬼魂。他清楚记得纪念碑有一个巨大的基座。"可惜30年前被当地政府扒倒，用拆下来的石头盖了所乡村学校，"他说。

刘老汉的家住在干涸的河床对岸。他不常离开山谷，平时吹吹唢呐、拉拉二胡，不过主要是个酷爱根雕的民间艺人。根雕是中国北方乡村的一种传统艺术。尽管住得很简陋，可是他的两间屋子里堆满了神奇的作品。他自豪地将自己的作品一件一件拿到阳光下。有些作品像化石盆景，有些则盘根错节、虬曲生姿。要把树根做成一件根雕作品，须要花很大力气，而且匠心独运。

老刘解释说，他先把树根在水里泡软，然后设计造型。他把树根压在很重的石头下，用大约两个星期定型。压过之后，有一些树根变得很薄，这使他的根雕更加精致珍贵。

每拿起一件根雕，他都像是在谈论自己最珍爱的宠物。他指着用弯曲的树根做成的一只看上去趾高气扬的鸟说："这是一只公鸡。"又指着上头像只调皮的黑猩猩的一块大树根说："这是只猴子，对不对？"大块木头和树枝可以用来做非常现代的造型。

从他家看金代墓地可以一览无余，那里正在进行的考古发掘工作已经挖开了很大一片地，而且砍掉了一些果树。据老刘说，已经出土了很多石雕，以及用于引水的石渠。但是对这个山谷的历史来说，守墓人保存下来的故事和他的精美根雕可能同古代的石刻一样重要。

石 佛

白水河的佛像

　　北京各处寺庙原有的佛像大多不见了，不过还是有很多刻在石头、塔身浮雕以及石窟壁上的古代佛像流传下来。

　　白水寺拥有北京最大的石佛。石佛高 5.8 米，坐落在房山区燕山石化厂以外群山环绕的一个无梁石殿内。这就是大眼释迦牟尼佛像，两侧为他的两大弟子。我到那里参观的时候，燕山石化厂的退休工人们正在那里烧香拜佛，休息放松。大殿内，人们供奉的塑料花和鲜花插在旧的饮料瓶子里。大殿内外香烟缭绕。

这个石殿外观四四方方，殿内顶部为穹窿形，以砖盘旋而砌，直到最顶端。没有人确切知道佛像成于何年何月，当地人认为至少有900年的历史。佛像一侧较小的佛教石刻似乎更古老，因为它已经磨损到了只有形状依稀可辨的程度。站在殿内，一缕阳光突然从天窗倾泻下来，照到大佛手上。大佛平展放在胸前的双手一下子成为众人瞩目的焦点。我不知道这种现象是否每天都发生，可能是古代建筑师为了增加佛像的神圣氛围而匠心独运的安排吧？

对于白水河最近受到污染、致使鱼类绝迹的消息，一位曾在燕山石化厂工作了30多年的张先生颇为感慨。我问他知不知道这座庙里还

有没有其他文物，他指了指从寺庙下方经过的铁轨。通往铁路的台阶有好几级是用刻有莲花图案的石头砌成的，这些石头显然是从历经风雨的白水寺搬来的。附近地上有一小块石碑残件，依然能够辨认出"古寺"两个字，这让我兴奋不已。种种发现——正方形石殿内盘旋上升的屋顶，聚在佛像手上的亮光，以及地上遗留的石头残片——更增添了此处的神秘色彩。

大佛被盗

全北京最珍贵的石刻之一过去也许就在海淀区车耳营村往上去的山坡上。那是一尊彩绘

石刻立佛，高1.6米，造于公元499年。1995年，我一路不停地向当地人打听它的位置，穿过了好几个果园，爬上了村后的山头。最后有人向我指了指路边的农舍。

里面好像没有人，于是我转到房子后面的园子里。那里有一个奇特的建筑物，看上去像一个八角形石屋，尖拱屋顶，似乎有点欧洲风情。我透过布满尘埃的后窗向里窥视，勉强看出里面有一尊大石像。石像站在一个很高的大理石基座上。我定睛细瞧，发现石像雕刻精美，衣纹细腻。这尊立佛肩宽背阔，气定神闲，面含笑意直视前方，一只手下垂，另一只手在腰间翘起。起拱卫作用的背景有两米多高，佛像头部的光环上有雕刻精致的小佛像和仙人乐师。

我正四下张望，看护人张保英女士过来看我在那里干什么。我问起这个建筑的情况，她说她是保护这个珍宝的姚家第四代传人。"正是这个原因，它才没有在'文革'中毁掉！"她提到了建筑师段其光，此人曾经留学法国，1927年回国后为这尊佛像设计了这个保护性的建筑。张女士是20世纪80年代嫁到姚家来的，她感到自己有义务尽心尽力保护好这尊古老的佛像。她解释说："这里过去曾经有一个很大的寺庙群。"据说有个亲王将其命名为"石佛寺"。当时的北魏是一个富裕的佛教王国，定都于大同，因此他们的势力扩张到北京地区也不足为奇。

1998年，我一听说佛像匪夷所思地被盗，就想到了可怜的张保英和姚家。从河北来的盗贼是夜里开着推土机和卡车侵入的，他们把佛像分为四段，急匆匆地拉走了。几个月后佛像找到了，除了稍有损坏，各部分基本拼接完好。我再也不能穿过果园爬山去寻访古迹了，因为这尊佛像现在保存在北京城里的石刻博物馆。车耳营村不幸失去了它的珍贵文物，这了不起的佛像也不得不离开它站立了1500年的山坡。

埋藏地下的佛像重见天日

偏居平谷县西南角的小小石佛村最近很少有游人问津。但是这个村曾经有一座建于9世纪的寺庙，庙里的石刻佛像远近驰名。这些唐代的艺术珍品得以经历变幻无常的历史风云保

留到今天，其本身就令人啧啧称奇。1952年，这些石像被村民埋在了打谷场下。"文革"期间，村里年轻人甚至不知道这些佛像的存在。这座寺庙规模庞大，有三进院落。如今它已荡然无存，原址成了一片开阔的空地，晾晒着玉米秸。

1997年，我向村民们打听这座寺庙和石

像，起初他们似乎不明所以，甚至无动于衷。最后，一位头发花白的老太太走出门洞，开口说话。其他老年人慢慢聚拢在周围，故事逐渐完整丰满。他们说，十年前，他们把石像运走了，当时就把这座破庙平了。"佛像没有了，庙也就没用了，"一位老汉理直气壮地说。石佛在地下埋藏了将近25个春秋。他们将自己的宝贝隐藏了那么长时间，说明他们认为自己有责任保护石像的安全，而且很清楚它们的价值。1978年，这些佛像终于得以重见天日。一个年轻人回忆说："他们给我们每人20块钱，让我们帮着把石像从地下挖出来，然后装上卡车拉走了。从那以后，我们就再没有看到那些佛像！"

村民们扫了一眼寺庙原址，无可奈何地耸了耸肩，纷纷散了。附近的池塘结了冰，两个少年正坐在池塘边晒太阳。他们身下是一块大石头，有些残破，但是在少年们荡来晃去的腿下面，莲花图案和其他装饰却清晰可辨。这是消失的石佛寺留下来的唯一一块石头？

最奇怪的事情还在后面。打谷场上晾晒着一堆堆的玉米秸，不过还能看到地下佛像曾经藏身的大坑。这些深坑见证了20世纪50年代村民们的一片苦心，他们费尽心力保护自己特殊的遗产。看着这些大坑，更让人迫不及待地要找到那些佛像。

当地文物局说佛像处于保护之下。我在一个棚子下看到了那些得自石佛村的唐代佛像。佛祖座下两位弟子的石像躯干躺在地上，附近是骑象的普贤菩萨和骑狮的文殊菩萨的石像。石刻的动物手法非常细腻，最令人过目不忘的是，两位菩萨的面部表情活灵活现，栩栩如生。然而，那尊坐佛却不见了踪影。我四处打听，几个月后在20公里外的一家考古博物馆的后门口找到了它。也许要等到这一组像重新聚首时，村民们拼命保护它们的原因才会真相大白。

北京最古老的建筑

作为12世纪辽代都城的标志性佛教建筑，典雅的天宁寺塔现在过于靠近干道，附近车水马龙、交通拥挤，令人感觉不太舒服。这座佛塔有一部分被城市西南部的立交桥包围；但它像一个孤独的哨兵屹立在那里，傲视着时光，提醒着人们千年岁月的延绵不绝，以及北京作为中国文化中心的悠久历史。

辽代统治者特别喜欢这种八角形的造型和十三重檐。现在仍然可以看到每一角的柱子上都盘着龙。这座高达58米的佛塔就像现在这样一直矗立着，向人们展示着皇权的威严。从砖墙向外看，是双目圆睁、开口呵斥的哼哈二将，似乎在唤起行色匆匆、无暇旁顾的过往行人的注意。要么，他们是对附近一座高过佛塔的烟囱怒不可遏？

由于1985年这座庙宇变成了工厂，我发现，为了拍到一张佛塔的完整照片，要偷偷爬过巨大的煤堆才行。11年后首先出现的变化是周围的房子拆迁，腾出地方修公园。不久，有人告诉我说："有一个和尚回去住了。"终于出现了靠近佛塔的一线希望！那位和尚很愿意帮忙。我很快就得以站在塔基上，面对面地观摩那些大型浮雕。

塔身所有的雕刻都有一种强烈的宗教色彩，尤其精美的是饱经风霜的菩萨像。他们令人迷醉地双手合十，庄重地俯瞰众生，慧爱无极，不过一位菩萨风化的鼻子显示出这些塑像是多么脆弱。还有五个菩萨站成一排，保护着下面的大佛。脸像哈巴狗的石狮子从佛塔周围的佛龛中突出来，它们代表着"太阳佛"，作为忠诚的守卫者，拥有无上的权力，保护着这个圣地。

在后来的历朝历代，天宁寺一直很重要。

15世纪的高僧、明朝永乐皇帝的顾问姚广孝做过天宁寺的住持。清朝，这里曾经是文人聚居的地方。今天，天宁寺终将收复失地。修复工作于2002年开始。尽管周围熙熙攘攘、车水马龙，这里仍然不失为一块清静之地。

石柱上的舞者

佛寺里的陀罗尼幢(石柱)是由几块雕刻精美的石块相互叠压组成的，往往有一个莲花基座，其他部分刻有佛像和经文。而我特别喜欢那些刻有栩栩如生的舞伎和乐师的部分。

北京最高的石柱有四米高，矗立在双林寺内。文物专家齐心女士在一份学术刊物上发表了一篇文章，同时发表了一幅褪色的石柱的照片，其布局一仍其旧。我拿着那篇文章，开了好几个小时的车，来到了北京西部远郊的那个同名村子，结果只失望地看到一个破败的院落，里面仅有一块石碑和两座废弃的佛殿。

公元10世纪，这里名叫清水院，如今其中一个佛殿变成了临时的猪圈，里面的猪不停地哼哼着。黄昏时分，我围着这个荒草萋萋的院落转了一圈，也没有看到著名的石柱的踪影。一位姓单的女士走上山来，她曾见过这根古老的石柱。她说，一场地震把石柱震松了，于是石柱就被拆成16块，用牛车给拉走了。将近一年后，我在门头沟博物馆看到了这根被拆成数块的千年石柱。石柱上的铭文和雕刻中，令我最感兴趣的是那些活灵活现的古代舞伎。

戒台寺也有一根石柱，六面都刻有观音菩萨像，其中有一个双手持铃。这跟日本神道教的舞蹈很相似，因此给我印象很深。云居寺10

世纪的古塔塔基四周雕刻的舞蹈者也
是喜气洋洋。这些石刻反映了舞蹈在
宗教中的重要性。

　　舞蹈研究所的董锡玖教授是我的
朋友，她指导我从古老的石刻中学到
很多东西。她说，通过观看这些舞蹈者
定格在石头上的舞姿，可以很容易想见
古代东北地区游牧民族自由自在的生活方
式，他们在辽金时期居住在北京。他们喜欢在
草原上打猎时跳舞。通过观摩这些石刻，将石
柱或墓碑上描摹的舞蹈动作组合起来，就能
够很容易地重现这些舞蹈。"我们甚至能够看

见他们奇特的帽子、腰里扎的皮带和高筒靴。
他们跳舞常常是三人一组或两人一对。"董教
授说。

这些雕像使我们得以管窥古代举行的宗教仪式的盛况，听到鼓声的铿锵节奏，感受到舞伎的饱满活力。这些古老的石头令我们领略到他们的精神风貌。

保护佛牙舍利

灵光寺是风景优美的八大处公园的八座名刹之一，至今仍佛事不断，香火旺盛。1997年，中国佛教协会安排我们参观欣赏了闻名于世的佛牙舍利。为了保护这无价之宝，专门新建了一座佛塔。一位研究者所讲的故事让我认识到这颗佛牙舍利的珍贵，也了解到他们同时在寺院内保留古老的招仙塔遗址的缘由。

这颗佛牙舍利最初被辽国道宗皇帝于公元11世纪供奉于招仙塔。据说，释迦牟尼佛只有两颗牙齿留存于世，一颗传到了斯里兰卡，另一颗先传到今巴基斯坦的乌苌，接着传到了新疆的和田。公元5世纪，中国探险家、高僧法显发现了佛牙舍利，将其带回并安放在南京一家寺庙中。后来，佛牙舍利辗转到了长安（西安）。公元9世纪，由于佛教徒受到迫害，为安全起见，佛牙舍利被送到了中国北方，10世纪在燕京（今北京）安家落户。

这颗佛牙安放在一只沉香木匣内，木匣上刻着"释迦牟尼佛灵牙舍利"。木匣被密封在一个石函内，藏于这座专为供奉舍利建造的十层古塔塔基之下。塔身刻着佛像和佛塔，还有浮

雕的飞天、乐师和图腾面具。

然而佛塔经历了一段曲折辛酸、悲欢相继的历史。1900年，义和团起义爆发，于是八国联军以保护国民为由进占北京。英属印度军队被派往西山一带，在战斗中，这座古塔的上层毁于佛陀的印度同胞之手。但是佛牙却奇迹般地保存下来。僧人们在古塔基座的瓦砾中发现了这个石函。半个多世纪之后的1964年，在辽代古塔遗址旁新建了一座13层佛塔。佛牙舍利现在就保存在镶嵌着珠宝的金质舍利塔内。

观看了下午的祈祷仪式之后，灵光寺高僧演道法师给我们讲解了佛牙舍利的重要意义。我们脱下鞋子，爬上了新塔内铺着地毯的旋转楼梯，到了第二层，透过舍利塔的一个小小玻璃窗，我们看到了这颗硕大的七厘米长的佛牙，感到惊奇不已。演道法师说："都说佛祖身材高大，这就是证明。"我们肃立一旁，对于这颗佛牙经过历史风云变幻奇迹般幸存下来浮想联翩。佛牙舍利吸引着大批善男信女，他们按照由来已久的传统，围着新旧两座佛塔绕行祈祷。

僧人使古乐重获新生

陀罗尼幢(石柱)和佛塔上雕刻的乐僧保留了当年在佛事仪式和节日上演奏古老乐器的风貌。要亲耳聆听古老的音乐，就得去北京城内15世纪的寺庙——智化寺。智化寺一直保持着演奏佛教和宫廷古乐的传统。

然而，1983年我第一次参观该寺时，那里还被一家灯泡厂占用着。智化寺夹在两条拥挤不堪的胡同之间，四周庙墙高耸，根本不对外人开放。从后面围墙向里望去，只能看见大殿二层的木头柱廊，以及精致的窗格子和柱廊上的扇形装饰。不过，从山门的门缝里，我看到了两棵盛开的丁香，又好说歹说为几个工人与丁香树拍了合影。

智化寺原来是明英宗的司礼太监王振的家庙，建于1443年。王振让智化寺里的僧人演奏古乐乐谱，智化寺因此闻名于世。他们演奏的音乐融合了宫廷音乐、佛教音乐和民间音乐，逐渐形成了在宫廷风行一时的"京音乐"。这种音乐秘不外传，为了保密，每个乐僧只知道自己演奏的乐器的谱子，并传给自己的弟子。这种秘不外传的传统延续了五个世纪。后来20世纪的风风雨雨使京音乐受到重创。智化寺的僧人在"文革"期间被遣散了。

几个月后我故地重游，带来了工人和丁香的照片。就在那时我知道了准备重修智化寺的计划。杨文书先生、许真女士和孙素华女士接到了重修智化寺的任务，这个计划可能要耗时十年。

杨先生说："'智化'是太监王振的法号，意思是'开智明心'。"当时我觉得这用在那家灯泡厂身上很合适！他还说，智化寺七座佛殿的布局是按照古代皇室的风格而设的，只是规模上小了许多，其黑色琉璃瓦也是规格很高的。这是明代北京建筑的典范之一。

1985年夏天，智化寺不再是一家工厂。我过去看看那里的情况，他们请我帮他们用英文写一个告示牌，告诉游客此处不开放。接着他们让我把尚未修复的智化寺看了个遍。有机会一窥这宝贵的文化珍品因被忽视而破败不堪的景象实在难得。藏经阁仍有人住着。藏殿里的六角形转轮藏周围全是盘子、毛巾，不过经柜本身非常庞大，大约有360个抽屉，而且每个抽屉上都有精致的浮雕佛像，抽屉四周也有大量精美的佛教雕饰。

后面两层楼的万佛阁有上万个小佛龛，可以藏佛经5000余卷。尽管满身尘土，几尊彩绘精美的佛像仍一如既往地立在那里。参观二楼让人毛骨悚然，因为上面到处都是智化寺前住持们的灵位。屋顶天花板上空空荡荡，著名的木制八角藻井20世纪30年代被盗卖后留下了一个大洞。在一个角落里堆放着结满蛛网的钹、鼓以及其他乐器，它们已经沉寂了半个世纪。当时我就想，有没有可能在这里再次听到悠扬缥缈的古乐？

1995年夏天，智化寺终于恢复了原貌，我应邀参加新培训的"京音乐"乐僧的毕业典礼。老朋友孙素华带我在智化殿坐下。她说："今天你们将听到一些可追溯到8世纪的乐曲，这种音乐原汁原味，保存完好。"

这场音乐会由几位第27代乐僧牵头，他们现在大多年届八旬。孙女士说："他们都是活着的国宝，我们在这种音乐快要灭绝前抢救了它！"这些老乐僧现在带徒弟，还灌制录音、录像带。演奏开始时乐曲缓慢低沉，九位乐僧分别演奏笛子、芦笛、口琴、钹、鼓和九音锣。中间节奏加快，口琴低回单调，让人昏昏欲睡，而芦笛声声高扬，锣声急骤如雨，更加重了这种气氛。最后结束时节奏舒缓，近乎哀乐挽歌。我们似乎听到了古老石头上雕刻的乐人在吹笛、打鼓，还听出了非同寻常的九音锣的几个音调。

石头与环境

假山

石头在园林建筑中当然作用突出，比如日本有岩石公园，又如中国各地的园林普遍使用奇形怪状的太湖石。中国的赏石文化由来已久。

北海公园里的假山不止是装点风景，那些独特的石头有自己的历史。在研究金朝历史时，我了解到这些石头是 12 世纪从宋朝首都开封（时称汴梁）盗来的。一位金朝皇帝将

这些石头作为战利品带回，并安放在今天北海公园琼华岛上的大宁宫别墅内。作为来自北方的征服民族，他们决心要使其建于1153年的中都城同宋朝的高雅文化相匹敌。如今这些独特的太湖石仍然装点着这座建过别墅的小岛。

保存最完好的太湖石在仿膳饭庄后面的山坡上。像那样的地方我通常只是路过而已，但是其历史价值让我又去看了一次。那些千孔百洞的石头各具特色，安放在北海已经800多年了。仿膳饭庄的厨师们正坐在石头上抽烟，似乎并不在乎我爬上爬下地拍照。当然他们不知道这些石头可是盗来的战利品。

石头标志着太监们的乐土

明朝太监田义被葬在沿着模式口路分布的石墓群中，该路因城西运煤的驼队而远近闻名。比真人还大的武官和文人塑像、一座高大的门和容纳着碑刻的殿堂都由刻工精美的大理石制成，耗尽了田义这位昔日宫廷司礼太监的丧葬费，所以1605年去世时，他只是被葬在后面一座简朴的土坟墩里。不过以后的太监可以利用这同一块地方，并且把他们的丧葬资金集中用在自己大理石覆盖的坟墓上。

另一个靠近京城的地方叫恩济庄，也是明代皇帝让太监们休养安息之处。建筑群南部有

一座寺庙，太监们退休后就到庙里来当和尚，后面则是他们的墓地。20世纪80年代我去参观时，那里已成了部队干休所。一堆堆白菜和大葱盖住了原来寺庙大殿的台基。

墓地也变了，成了海淀区第61小学的操场。1985年，友善的看护人带我去了一个看似公园的地方，那里有古松两排，其后有一土包，上面柏树成荫。这就是晚清最臭名昭著的太监、慈禧太后跟前的大红人李莲英之墓。墓门洞开，通向一条黑暗的台阶。我顺着台阶下到了一个潮湿的通道，但不敢再往前走。我在墙壁上没有看到雕刻，只看到了鼻涕虫！

据20世纪20年代的书籍记载，这个地方曾经遭到冯玉祥将军部队的亵渎，他们捣毁墓碑，砍倒了很多古树。然而看护人说，多数雕像和墓碑是"文化大革命"期间消失的。这里一度有明清两朝古墓1700多座，每座墓都有自己的墓碑、供案和香炉。据说，20世纪50年代还残存500多条石供案，而我看到的已经寥寥无几。

从我第一次到此寻访算起，十年过去了，那里已经变得让人认不出来了。21世纪实验学校拔地而起，还建起了一排现代化的公寓。不过有一个地方没有被占用，李莲英之墓尚在，还有一条两旁松树林立的甬道和长满柏树的土包。但墓碑已经荡然无存，墓门也不知去向。

　　一位美国老师指着一座楼房说，外籍老师就在里面办公开会。那座楼看上去很是气派，实际上建在太监墓地上，就在李莲英之墓的入口前。幸运的是这位老师将一些石刻墓碑向李莲英之墓移近了一点，使之得以保存下来。他认识到有必要改善这里已经改变的环境和风水。他听人说，在入口处放一面镜子可以辟邪。他知道他们最好采取措施来安抚这里1700位太监的亡灵。至少空中回响着的孩子们的欢歌笑语，或许会给那些从没有过子嗣的亡灵们带来些许慰藉。

银山遗迹

　　古代僧人选择在银山修建寺院，其缘由显而易见。山中巨石繁多、洞穴密布，蔚为大观。三座山峰立于悬崖峭壁之上，崖壁暗黑如铁，因而得名"铁壁"。这里的寺庙群位于首都正北方，与都城的整个风水相辅相成，融为一体。铁壁和寺院组成了防御来自北方的阴风的屏障。

　　自唐朝以来到此定居的僧人在这块风水宝地留下了自己的创造，他们在平地上建起了一座座庙宇。同农村其他许多地方一样，这里号称拥有72寺庵。20世纪80年代，人们仍然在

佛塔周围种庄稼。石碑和小佛塔已经支离破碎，四下散落。然而这里依然引人注目，因为五座金代的宝塔仍然屹立在瓦砾之中。

此后十年间，考古学家逐渐发掘出了埋藏在地下得以幸存的历史文物。12世纪的基石得见天日，揭示了金中都最大的寺院之一——大延寿寺的结构布局。由发掘可知，那些大佛塔建在寺院之内，用来保存高僧们的骨灰。在比该寺更高一些的地方，考古发掘还发现了一个古老石台，那里是唐朝早期的高僧们讲经说法的地方。

中峰周围很多古道绕开了巨大的砾石。有些石头大如汽车，有的上面建有小佛塔，还有一块上刻佛像，其他石头上则凿了窄小的台阶，供勇者踏足攀登。站在顶上俯瞰，可以想见其他寺庙可能在什么位置。

我打听其他遗址时，当地70多岁的刘先生挥手指了指山后远处的一个地方。他让我到铁壁下找一块平地，然后再找一块大得惊人的巨石。他说，如果你还看到一眼泉，那你可能就找对地方了。

刘老汉对自己在说什么当然心中有数。

那块巨石傲然独立，至少有两层楼高，在其阴影下有一块被辟为果园的梯田，而果园围墙使用的石块中有一些是过去的石刻。一口古井覆盖着沉重的石块，似乎已经干枯，但是有水流入附近的果树林中，那是来自地下的泉水。此处一定是刘老汉所说的铁佛寺遗址，但我们还必须考证一下。考古学家们一定又在那里掘地翻土、明查细究，以揭示那里的变迁，将其历史昭示世人。但那块巨石对我已经有足够的说服力了！

"当心运石头的卡车和愤怒的群山！"

北京周围的农村地区和山区过去似乎非常遥远，不值一提。几个世纪以来，人们开采石头将首都建了又建。修建寺庙的石料、修桥用的石头以及刻石碑、石像所用的石头也都是从附近山区开采来的。但是城市扩张到这些地区，有时会对北京周围遗留的许多美丽的石山

和石道造成可怕的后果。这让人不禁要问，乡村还会留下什么样的石头遗产。我们关心环境问题，不仅要保护石刻，而且连岩石也都应得到保护。

2001年秋天的一个星期日，我们一家驱车北上昌平，下了高速公路，向西直奔白虎涧自然风景区，路途曲折逶迤。山色秀丽，我们期盼着这次出行能找到些古迹。然而，此行非但不让人赏心悦目，反而令人震惊不已。我们很快意识到，这不会是一次惬意的游山观景，不会是山幽气清。开山采石之声不是锤子凿子的叮当作响，而是大机器如雷的轰鸣，巨钻凿石，动静不小。

古老秀美的青山正在被蚕食！这座山非常特殊，因为它砾石庞大、山峰秀美。然而，就在这个自然风景区的入口处，我们看到有两个山腰已经被掏空了。这里的山除了被切出一道道深深的口子，山路沿途的砾石也被切肉一般割得七零八落。一路上，我们看到一辆辆满载石头的卡车从该自然风景区轰轰隆隆地开出，喷烟扬尘，与我们擦身而过，噪音震耳，招摇过市。它们窃取了壮美群山的灵魂。这怎么能行？

有人说这里一两座山就足以让当地人吃一辈子的了。这些细腻坚硬的石头呈淡褐色，很

好看，接近砂岩，价值不菲，被用来盖高档别墅和豪华住宅。但何年何月是个头呢？难道没有什么神圣的东西可留给后代的吗？如何掩盖这些缺口？

我们掉头往回走，遇到了一个当地居民，问他："这路上总是有来来往往的卡车吗？"他说："哦，春天再来吧，到时候山谷里会开满漂亮的花儿。到那时卡车就不让进山了。""噢，真的吗？"我感到惊讶。他说，开山采石已遭到制止，那些卡车是在运已开采下来的石头。

那么下一步呢？不修不补啦？大致搞个整容手术，将那些尚未被拉走的石头回填到那些采石坑里，让它们重新回到大山里怀抱里，如何？那个汉子接着说，他热爱这里的一草一木，喜欢这里的美丽风景，对所发生的一切感到痛心，"有时候我们无能为力。"这时，一台巨大的起重机从风景区内的路上转弯开过来，如同一只庞大的螳螂，吊了一天的石头，已经精疲力竭了。

一年后我又去了风景区，大机器开采已经停止，但切割依然如故。而这些面目全非的山峦值得我们深思。

历经数百年的名山胜迹

北京东面的盘山以其五峰、劲松、巨石和清泉闻名于世。盘山曾经有庙宇数十座，其中不乏千年古刹，而且也曾经建有一座壮观的皇家园林，供皇族休憩游玩。

"二战"期间，北京地区最激烈的抗击日军的战斗就发生在这里。盘山战役深深铭刻在仍在那里生活的老人们的脑海里。你若问起盘山寺庙被毁的原因，他们首先就会谈起盘山战役。盘山脚下有一座革命烈士公墓，学生们从那里了解抗日战争，并在数不清的巨石之间嬉戏玩耍，当地人都知道那里是"抗日战场"。

盘山现在开辟了旅游开发区，很多寺庙都已整修重建。僧人又回来了，新雕刻的佛像前重新燃起了香火。在盘山旅游开发区外还有一座寺庙，名为千像寺。顾名思义，这座寺庙可能有一间大殿，里面排列着许许多多的佛像。但是北京的学者们普遍认为，这座宏伟的千年古寺已经荡然无存。

然而，出人意料的是，有位农妇言之凿凿地对我说，她家的老房子就在千像寺旧址上。这位农妇名叫朴惠琴，50岁，朝鲜族人，当时正在自家院子里忙着收拾自家产的栗子和沙果干。她很爽快地放下手头的活，领着我走上了她家后面的一条土路。

这条路在遍布山腰间的巨石堆中绕来绕去。走了大约20分钟，朴惠琴停了下来，指了指石头表面模糊不清的刻像，那看上去像一尊立佛。另一块巨石上隐约可见的古老刻像就更多了。朴女士边继续爬坡边说："这些石

头上过去都有佛像或菩萨像。"她说，这些线描佛像中现在只有大约100个尚能够辨认出来。那么，显而易见，每一块石头实际上都是一尊佛或一群菩萨。她用手指触摸着另一块黑色花岗岩巨石说："这个看不很清楚，但是可以感觉到佛像还在。"

这些实际上就是千佛像，所有这些神圣的石头组成了一个庞大的露天寺庙。

这个具有纪念意义的风景就像个大型的装置艺术。然而，很多巨石被劈作建房的石料，令这里的风景大为减色。另外，居民区开发正在侵入山谷，千像寺岌岌可危，有可能沦为现代化的牺牲品。

千像寺的大殿在战争中被夷为平地，废墟上只有一座饱经风雨的农舍。朴惠琴指着这个农舍说："我就出生在那里。八年前那里的井干了，我们不得不搬到山下的村子里来。"一些七零八落的石碑还保存着这个地方用文字书写的历史，其中有一块立于公元987年。尽管千像寺的庙宇已经荡然无存，然而这里成百上千块巨石证明，千像寺的精髓仿佛巨石阵一般依然存在，躬迎盛世。

滋养万物的水源

滋养万物的水源

无人为水之墓献花，因为水不在此停留，水已流逝。（P·布莱）

引 言

北京的水资源

　　上世纪 80 年代我第一次来北京生活时，从未想过北京是一座拥有纵横交错水道的城市，也从未品尝过西山的泉水。那时大多数深水源都难以靠近，河道里堆满了东西，根本无法辨认。河流的下游污染严重，使我根本没兴趣了解它们的名字。但研究一座城市的历史和发展历程往往要从水开始。就我而言，正是我所研究的庙宇神祠引导我探索它们与水的

关系。

如今，在北京与日益逼近的沙漠抗争且人口的增长加大了对水的需求之时，水资源的重要性已成为公众关心的问题。北京自辽代第一次成为都城开始，一直就为水的问题所困扰。契丹统治者，还有后来的女真、蒙古、汉、满统治者及其后的现代领导人，都曾为确保充足的水资源大伤脑筋，这种状况贯穿了北京的整个城市发展史。

北京所在的平原最早是海洋，海水退却之后留下一片沼泽。当时河流很多，但常常泛滥成灾，因此人们修建堤坝防止洪水，修建神祠安抚水神。北京是围绕莲花池等天然湖泊发展起来的，市中心的湖泊则是拓宽高粱河的南部支流后形成的。

石头沟渠把水从西山至关重要的山泉和北部的白浮泉引向首都。北京人认为天然泉水是很珍贵的，因此在其源头修建了寺庙和帝王的行宫。水井也很重要，因为不管在什么地方都可以打井。所以随着城市的日益扩大，这些水井为居民区逐渐增长的人口提供了水源。据认为，"胡同"这个词源自蒙古语，意为"水井"。每条巷子都有一口井，久而久之，"胡同"就成了巷子的代称。不过，众所周知，北京的井水味道苦涩，于是那些甜水井很快就出名了。

北京人为连接河流——尤其是永定河——修建了运河，它们既为护城河提供了水源，又可以作为运输渠道使用。在今天的丰台区发现的一个金代水关遗址，可以帮助我们了解当时这些水道的复杂结构。水经过这些水关流入凉水河——金代都城的南护城河。

最重要的是修建了与东边的大运河相连的

水道。这使得北京能与南方相沟通，以获取谷物和丝绸。煤、石头和木材也是沿着这些水道运输的。其中一些运河迄今还在，最近还得到重新疏浚，观光船只往来其中。

另一方面，过度开发和人口激增使北京的水资源问题日益严重。1000年前，北京地区覆盖着茂密的森林。但由于金代在这里建中都、元代在这里建大都，森林遭大量砍伐，这大大影响了北京的气候和供水。几个世纪以来，人们一直在利用深层地下水，但地下水位已经下降。碰到降水极少的年份，老百姓就建起很多庙宇来向龙王祈雨。

通过研究北京地区的用水历史，我们可以找到保护环境的更好方法。以下的各种邂逅使我学会了珍惜各种宝贵的水源。

乘橡皮船游北京

我听说的有关北京水道的第一件逸事是慈禧太后乘船去颐和园避暑。但是20世纪80年代的时候，大多数运河都年久失修，很少启用。运河桥下、闸口等处拦着巨大的栅栏，结果水中漂浮的垃圾都聚集在这些栅栏上，根本没法通航。所以大多数外国人根本不知道北京还有互相连通的水道。

不过，我还是决定好好探究一下这些古水道，看看当年宫里的舟船航行路线到底是怎样的。泛舟穿行北京城看来是种很优雅的办法。我需要的只是一条船。在朋友们的鼓励下，我终于为这次心血来潮的探险弄到了两条橡皮船，于1986年6月闷热潮湿的一天和一个朋友一起下了水。我倒是有张地图，不过我心里打算的是从城中央开始，一面走一面找出水道是如何连接的。

启航仪式颇不寻常。我们的充气船从故宫中一座桥的汉白玉栏杆上顺下去，这就意味着从金水河进入周围的护城河的旅行开始了。当时金水河中水很少。下一站是中山公园，我们把我们的小皮船放到租来的船上，但船仅限于在设定的区域内游览。这感觉可不那么优雅，不过紫禁城高高的红墙就在我们身后，我们还是可以想象慈禧从城墙后面出来时的喜悦。

水道要从一条马路下面通过，结果别无他法，我们只好把船收起来，扛着它们从东门进入北海。现在我们决定坐一回自己的船。不过，我们在给船充气的时候，码头的管理员很不高兴。我们尽全力解释说，我们只是想从这里穿过，而且这是一次研究活动，不是单纯地在湖上游乐。

我们的支持者把我们连推带送地放下了堤

岸。我们两人仿效当年的皇家随从划过湖面，白塔的倒影在水中闪闪发光。我们到现在才真正觉得开始了征程。我仰起头，尽情享受着头顶那广阔无垠的蓝天。可是接下来我猛然惊醒，看见那个码头管理员正愤怒地在对岸等着我们，

颐和园

昆明湖

京密引水渠

万寿寺

玉塔寺

北京展览馆

紫竹院公园

北京动物园

高梁桥

旁边还有一个警察！我们微笑着朝他们挥手。幸运的是，那个警察觉得这事太好笑，就帮助我们上了岸。我们把湿淋淋的船扛在肩上，朝大门走去。管理员可一点儿也不高兴。

我们走在大街上，肩上的船还在不断往地下滴水，这副情形引起路人侧目，骑自行车的人也纷纷停下来看热闹。我们的下一站是前海。这一次倒没有人阻止我们放船下水。我们朝着北边的鼓楼划去，然而，湖面上大片的荷花挡住了我们的去路，我们在里面绕了半天，花了近一个小时才精疲力竭地穿了过去。我敢说，当年的皇家游船肯定有人在前面开道。

通向后海的狭窄水道上有一座可爱的石拱桥——银锭桥，可是一个栅栏挡住了去路。又得把船弄上岸。等到再次下水的时候，我们却招来了岸上一些垂钓者的呵斥，他们抱怨我们把鱼都给吓跑了。我们小心翼翼地绕开了钓鱼线，并且最终划到了后海尽头，可是面前的水道又被挡住了。

下面一个湖是积水潭。这是个小小的池塘，所以我们只好早早地上岸，以免遇到尽头小丘旁的水闸。看到美丽的景色给糟蹋成这样，我很难过。我们只好在这里暂停航行，拖着小船回家。

第二天我们继续出发。我的地图显示，运河的线路要穿过二环路旁的深沟，然后调头，穿过一个限制进入的单位（现在这已是一条水上观光路线了），到了高梁桥才重新回到地面上。这座桥当年由蒙古人所建，后来修复过，算是北京城的一个老地标。它就在北站旁边。运河的这一段叫做长河，长河两岸已经耸立起一座座高楼大厦。

我们的船在北京展览馆后面长满青草的河岸下了水，再次上路。我们沿着动物园的后墙

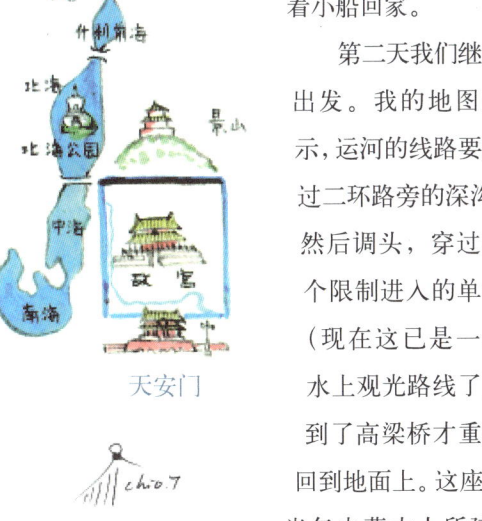

向西划去，北岸出现了一个老村庄。（它马上就要被一个水族馆取代了。）我们又经过了五塔寺，看见它的门前堆着成堆的旧石碑。再向西，就到了有名的地标——白石桥。岸边的一个钓鱼人善意地劝告我们不要从桥下过。

从那里开始，水道穿过紫竹院，老北京的一个重要水源。河道两岸有长长的垂柳和茂密的竹林。现在那儿建了一个水闸，船只可以通过，向西进入水位更高的河道。而在20世纪80年代，有好几个上了锁的船闸把守着，我们没法通过。乾隆皇帝当年就经常下船步行到这

里，等着船闸里的水位变化。于是我们也上岸步行。

一场大雨使我们的行程暂停了好几天。我们回到了长河，水流变得非常湍急，我们虽奋力划桨，但进展很慢。就在那时，我觉得自己的计划有点愚蠢。从颐和园开始，顺流往城中划不是更容易些吗！然而我们又不能半途而废，于是那天我们换了一个备用方案。我们开车到了上游的万寿寺码头，慈禧当年总是在那里上岸过夜。我们的船很快顺流而下，我们就随波逐流，重新朝着紫竹院驶去。

我们随着湍急的水流自由自在地漂流，在

广元闸桥下靠了岸。桥上雕刻着的龙面驯洪兽正怒气冲冲地俯视着我们。我的朋友柯马凯（Michael Crook）告诉我，面向上游的龙非常凶猛，都长着角，张着大嘴，仿佛在命令水流平缓下来。但是对面那条龙样子就不同了。这只温顺的石兽没有角，口鼻很短，面向下游，似乎在发出另一种乞求："不要干涸。"附近有座小小的龙王庙，人们可以在那里祈求龙王忠于职守，确保降水。

我们挥桨向上游划，经过了麦钟桥旧址。1999年，在旧桥的桥基旁边建了一座新桥。桥上曾有过一块1748年的石碑，碑上刻有乾隆皇

帝的诗，诗句如下：

　　新涨平堤好进舟，
　　霁空风物报高秋。
　　闻钟背指万寿寺，
　　摇橹溯洄西海游。
　　送爽一天云似缕，
　　娱情两岸稼如油。
　　石桥郭外经过屡，
　　试问常年得似不？

　　一路上，我们尽情观赏了两岸的风土人情。有人在洗衣服，有人在用大网捕鱼，有个年轻人在洗他的喇叭，一群孩子在水中泼水嬉戏，躲避酷热。如今两岸都装上了白色石头栏杆，这种河道公用的场景已不复存在。当然了，在封建王朝统治的时候，在这水里洗一下手都是遭到禁止的。

　　水道与京密引水渠汇合，沿岸到处在饲养着北京鸭。似乎当年沿岸的每座村庄都在从事养鸭业。

随着一座巨大的白色石拱桥映入眼帘，许多朋友都聚集在最后一站，见证我们的奇异之旅的胜利完成。在闪光灯和快门的迎接下，我们穿过石桥，到达了进入昆明湖拦着栅栏的入口。每个人都欢呼起来，甚至那些不认识我们的人。终于到达了终点，我们挥着手，心里充满了成就感。

我们把船放掉气，以免引起颐和园守门人的怀疑，并把它们挂在了慈禧那艘著名的石舫的栏杆上。像当年的慈禧一样，我们放眼望去，尽情欣赏着西山的葱翠美景。

这次寻访北京古水道之旅令我终生难忘。这样疯狂的冒险现在已经不可能了，因为运河已经成了旅游热线。但是这次橡皮船之旅激起了我对北京水道历史的浓厚兴趣。

2001年我57岁生日的时候，我租了一条龙舟，在重修的运河上游览，在琵琶伴奏下，好朋友们一起唱歌、吟诗。我们又到了15年前我挥桨逆流前进的地方。在漂过古水道的时候，我想起了那些诗句："试问常年得似不？"

什刹海幸存的传家宝

什刹海指的是北京中部三座狭窄而互通的湖泊，是一个钓鱼或沿着湖岸散步的好去处。这是1997年6月初的一天，岸边长长的柳枝几乎浸入湖水之中。

什刹海最西端有一个小山丘，山丘上有一个小神祠，叫汇通祠，是为了纪念13世纪末伟大的工程师和发明家郭守敬而修建的。郭也是一位水资源保护专家，他负责开发了这座城市——当时叫元大都——的供水系统。南方的稻米和其他货物都是用大驳船经由互相连通的水道从大运河运到什刹海的，因此这里曾是繁华的商业中心。但到明朝后期，水道被扩建，形成这些小小的湖泊，为了让江南的美景再现，在湖上修建了精雕细刻的石桥。湖边还兴建了不少朝中高官的宅第和小寺庙。

汇通祠现在也是北京什刹海历史文化保护协会的会所。那天，协会会长周忠庆正在楼上的一个房间里与他的朋友、北京大学著名的历史地理学家侯仁之教授交谈。两位老人讨论的焦点就是北京的供水系统。

侯教授拿出地图，指着什刹海，追踪着从北向南流的古水源。他说："水道只有拐几个弯才能让水流动，因为有的时候水必须经过地势较高的地方，没有冲力就不可能到达这座城市。"

他指出紫禁城的水是如何通过一系列的水道与西北部的昆明湖相通的。西山的泉水从各个方向注入昆明湖。"香山附近甚至有一条古渠，正是它把泉水引入了北京的水系。我曾在那里挖出渠底的石头。这里曾是一个重要的深水源。令人遗憾的是它后来干涸了。"

当时86岁高龄的侯教授感叹说，保护京城

的古水系越来越困难了。"我们的水源必须得到保护！"他激动地提高了嗓音。"例如，最近他们兴建北京西客站时，我不得不据理力争，以保住附近的莲花池。后来我说，自然景观实际上有利于周边环境，才终于说服了他们。"

周先生对水的问题也非常关心，特别是如何保护什刹海。他一直在为保护本地古老的四合院、胡同和曾经很受欢迎的寺庙奔走呼号。"没有人能确切地说出这里的寺庙中有哪些是最初的那一组。"我们走出屋外，周先生站在小山丘上，指点着各种各样的屋顶；这些寺庙的琉璃瓦屋顶和建筑风格在周围的普通民宅中显得很突出。目前保存完好的只有广化寺，其他的寺庙都仅剩一小部分了。医院旁边的高庙现在是一家塑料厂。什刹海庙成了民宅。另一座庙现在是一所聋哑儿童学校。184职业高中也占用了一座寺庙。周先生指着隔壁一座保存相当完好的寺庙说："这是三官庙，实际上是座道观。"

周先生回忆说："一开始是60年代这后面的城墙被拆除。接着是80年代初，为修地铁站把这座山和山上的小神祠扒掉了。当时这里一片混乱。周围地区的变化非常快。就在那时，我发起了一场运动，讨论在地铁建成之后这座山和山上的寺庙能否重建。"

"我们当时聚在湖边的烤肉季饭庄，"周先生回忆说，"十个人联名给北京市长写了封请愿信。这个协会就是这么成立的。"侯教授补充说："周先生彻底研究了这个地方的历史。多亏了他，我们每个人才能享受这么好的山景和寺庙。"

这个协会属于文物保护组织，守护着一方水土。周先生说："我们必须从自己的地区做起。每个地方都要有适当的标志，证明它在历史上的重要性。"两位老人抿着茶，惺惺相惜地看着对方。他们已经看到，他们挚爱的这座城市发生了如此巨大的变化，但他们都决心把文物保护工作坚持到底。我永远不会忘记见到这两位杰出老者的那一天，以及他们庄重地交流各自的原则和知识所带给我的灵感。最后，侯教授以坚定的口吻说："我们必须给子孙后代留下点什么，不管是文化遗迹还是充足的水资源。"周忠庆点头称是。

龙与风水

皇帝祈雨

　　祈雨是每一个皇帝必须履行的职责之一，大旱之年，王公贵族们经常到画眉山上的龙王庙祈雨。这个龙王庙建于15世纪末，附近有一眼古泉。在此后的几百年里，皇帝经常来此膜拜龙王，以及黑龙潭和三口水井中的水。现在

这里还有四块纪念皇帝驾临的石碑。在我看来，1798年88岁高龄的乾隆皇帝竖立的那块石碑最令人感动，因为它使人对帝王之家和他们的责任有了一定的了解。

　　这次驾临龙王庙，乾隆带来了他的儿子、

仍步行登阶叩祷，以昭虔敬。"皇家碑文中出现这样个人化的语言是很少见的。碑文结尾处盖的印章是"太上皇帝宝"；下面还有一枚印章很有意思，刻的是"归政仍训政"。

乾隆自有办法降伏难对付的龙。他扬言要把龙王流放到东北，甚至已挪动他的塑像，开始了驱逐行动，结果雨终于下了。乾隆皇帝提

刚登基的嘉庆皇帝，目的是让他明白在这里祈雨的重要性。乾隆讲了自己小时候为了百姓的安康来此地祈雨的事情。他还记得，当他还是个年轻的皇帝时，他可以很轻松地爬上三段石阶，到达山顶的祈雨殿。"今予年跻望九，尚欲循旧例步登。"但这一次，他已经是耄耋老人，只能坐轿子上山。那一年已经下过两场雨，所以他本以为不一定要来。据石碑记载，前两场雨每次的降雨量达到六寸，但阴历二月十五以后长久的干旱使他不得不前来祈求龙王的帮助。

他写道："现在节过谷雨，距立夏不远，农田正资渥泽。"因此他把新皇帝带来，教导他懂得此行的重要性。乾隆还写道："然至殿行礼，

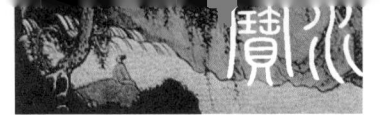

高了龙王的地位，允许这座庙宇使用皇家专用的琉璃瓦，这样双方的颜面均得以保全。

在17年时间里，我到这座龙王庙去过三次，但它不对公众开放，也没有其他游客。每次说服看门人让我进去总是颇费周折。我登上三段石阶，俯视着黑龙潭的潭水，但祈雨殿用一把大锁锁上了。看来，尽管北京近年来饱受干旱之苦，但水神还是鲜有人眷顾。

寻访几被遗忘的白浮堰

清澈的水流沿着城市北部的京密引水渠奔涌。正是通过这些运河体系，元大都从一股充沛清澈的泉水中引来水流，那就是久负盛名的白浮泉。为了满足蒙古人朝气蓬勃的新都城日益增加的用水需求，数学家、天文学家和政治家郭守敬主持修建了这套水系。泉水来自北京北面的丘陵地带，从一座150米高的小山上汩汩涌出。郭守敬为蒙古人设计的运河今天仍然是为城市供水的渠道，但源头已经不再是白浮泉。北京的饮用水源自东边更远处的密云水库。

我很想知道，著名的白浮堰如今变成了什么样子。于是，我在2001年11月前往白浮村，不知道自己将会看到些什么。我只知道要寻找

平原上相依矗立的两座小山，它们分别是泉眼所在的龙山以及旁边的凤山。如果不是要特意寻找那著名泉眼的遗迹，没有人会对这两座小山多看上一眼。

如今，这里似乎已成了被历史遗忘的角落。一道高墙环绕着树木葱郁的龙山山脚。一扇大门通往一家鹿茸制药厂。另一扇锈迹斑斑的旧门通往一座废弃的夏季别墅。卡车满载着从旁边坑道里挖出的沙石，沿着环山的土路驶出，留下了一道道深深的车辙。这个场景与清泉涌动的画面相去甚远。

唯一可能通往泉眼遗迹的入口肯定就是那扇锈迹斑斑的大门。我站在门前，几乎想放弃

了，大门看起来如此破旧，沉重的挂锁和铁链似乎断然拒绝打开。所幸，门房里一个正在打盹的看门人令人吃惊地友好，他热心地为我打开了吱嘎作响的大门。趁着他还没改主意，我一闪身进了门，抄近道上了山。

道路蜿蜒伸向小山的北坡。在那里，在疯长的野草和树丛之中，我找到了几乎被人们遗忘的九龙泉亭。亭子底部探出了九个白色大理石龙头，它们张开的大嘴就是泉水的出口。很容易就能想象出当年泉水喷涌而出、流入下面九龙池（这个名字真是恰如其分）的情景。中国神话中著名的九个龙兄弟都聚集在这里，只是它们已经不再喷水了。池塘如今成了一潭积满淤泥的死水。

废弃的夏季别墅旁，两根石柱标志着早年通往山顶寺庙的路。我沿着小路穿过一片浓密的松柏树林。野蔷薇花在灌木丛中怒放。一些野生植物的棘刺扎进我的袜子里，很疼。

这座都龙王庙是北京北部平原地区的平民从前祈雨的地方。一扇小门的顶部还装饰着部分龙形浮雕的砖瓦。我步入人迹罕至的院子，惊飞了几只小鸟，然后一切又归于寂静。三块

石碑记载着都龙王庙在历史上重要的精神作用。饱经时光洗礼的龙王殿只有一部分屋顶残存，但明黄色的琉璃瓦暗示着昔日的荣光。殿内的房梁坍塌得乱七八糟，黯淡的壁画透过厚厚的尘土依稀可见。大理石龙王雕像已不复存在。寺前的两棵古树就像是这座寺庙的勇敢护卫者，因为它们的强壮与寺庙的破败形成了鲜明的对照。

鉴于沙漠正不断逼近北京，这个地方显得

越发重要，它表明，即使在过去，水资源也受到充分的重视。从远处看，小山显得更加动人了。这个地方值得注意。当你驱车前往八达岭长城时，请留意看看它。

祭日寻龙

人们聚集在北京市西北角的延庆镇欢度元宵节。1997年2月21日这一天，周边地区的村民们穿着最好的衣服来到这里，但却听不到以往为秧歌伴奏的锣鼓声和为高跷表演者喝彩的声音。今天是农历正月十五，是延庆最重要的节日——庆祝为期两周的农历春节结束时的月圆之夜，但是，一切都静默了，因为今天也是悼念中国深受爱戴的领导人邓小平逝世的第二天。然而，尽管一年一度的庆祝活动已经取消，长城以北这个农业和矿业区的农民们还是进了城。人们或是在街上闲逛，或是聚在饭馆里，都显得沉默寡言。不过，沿街叫卖的小贩仍然在兜售春节期间常吃的蜜饯。到处挂着纸灯笼和玩具风车。在街角处，一个经商者正不失时机地销售元宵。

延庆北门的旁边依然保留着一部分旧土墙。土墙外有一座山丘，山顶建有一座小庙。这座寺庙用于供奉城市的守护神——龙王。延庆县的沙漠化灾害最为严重。龙王在这里仅仅具有一种含义：祈求降雨，确保充足的雨量。由于很多石阶已经缺失，人们不得不攀爬着上山。但是，大门两侧的大红春联表明这里还没有完全遭到废弃。看门的詹先生和张女士夫妇俩都在煤矿事故中失去了右手，但残疾未能阻止他们修复这座15世纪的寺庙，并且用他们精湛的书法装点这个地方。

自从1946年毁掉之后，大殿里的塑像就不曾换过新的。在从前摆放塑像的位置上，这对夫妇用大字写下了广受百姓欢迎的神仙的名字，让它们成为人们膜拜的目标。"龙王"和"王母"的字样前燃烧着一枝蜡烛和几炷香。高高的椽子上盘着金色的蟠龙。五彩斑斓的壁画描绘了九龙王的传奇故事。张女士说："我们用了三天时间才把壁画上的灰尘扫干净。"在院子里，她把屋脊上的大洞指给我看，那是当年龙头安放在瓦片上的位置。"这个地方差不多完全毁掉了。"她淡淡地说，然后又喜悦地补充道，"我们会一点一点地修复起来。"

在他们附近的住处，我看到了詹先生绘制的一大幅佛陀、孔子和老子像。詹先生解释说："在中国，一个人生来是道家，接受的是儒家教育，死后靠佛祖的指引入天堂。"他对他们都非常敬重，研读他们的哲学，向他们祈祷。詹先生那年辞去在当地煤矿的工作后开始画画，以向长城上的游客销售字画为生。但是，他现在一心一意地担任社区顾问。"很多父母要我指导他们的孩子，还有些人希望得到健康方面的建议。"他的严肃态度很快就变成了富有感染

力的微笑。"我自己决定自己的道路,自学了三种哲学。"詹先生强调说,"我们必须避免与封建迷信发生联系。我们必须借助这些哲学帮助人们提高伦理道德水平。"他们认为,重建龙王庙对社区有益。从某种意义上讲,龙王已经成了渴求改善环境、保障水的供应和管理水资源的象征。

詹先生的妻子说,他去年留着长头发,看上去像个道士。不过,他今年剃去头发,比较富有佛教徒的气质。如果我们在延庆的元宵节上找到詹先生,他或许留起了长胡须,这回该效仿孔子了吧?要么,他会扮成龙王?

依旧笃信风水的村民

1912年,一位在北京周边修建铁路的比利时工程师绘制了一幅地图,描绘了首都西南一条山谷的地质构成和文化遗迹。这幅地图的有趣之处在于：山坡的走势与河道的蜿蜒曲折相符，从而使天开谷具备了极佳的"风水"，或者说是吉利的地貌。自古以来，风水就帮助人们确定兴建城市或修建坟墓的理想地点。天开河从西北方向弯弯曲曲地流下，穿过下面的天开村——前文提到过，这是唯一拥有这一名字的村子——到黑龙潭之后向南转，经过龙口门村，最后向东流去。上方山在北边形成了一座屏障，保护着绝佳的风水。

一位骑摩托车的男子划了个圈儿停了下来，问我需不需要帮助。他就是在天开村出生长大的陈玉山，今年64岁。身为村子里的工商管理员，他要四处检查物品和安排运送货物，而这里的2000多名村民大多出门只能靠步行。他有一肚子关于山谷历史的故事。

他开口说道："三山不露，四水不流。"此话指的是，四周的小山形成了一个小小的圆圈，保护着一条近乎隐秘的山谷，仅仅留出三条通道，使人感到非常安全。不幸的是，这个地区已经经历了六年旱灾。部分地区由于上游水库断流，原先的河床已经干涸，池塘越来越小，一些水井如今几乎达不到地下水位了。

他带我们去了大小黑龙潭。他解释说："水潭可真是缩小了，污染也特别严重。这水对人有害，可羊还是喝它。"据他说，当地人大多栽

种果树，因为果树不需要太多的水。上面的小山上坐落着该地区最后一处引人入胜的古迹——建于12世纪的天开塔，但它年久失修、风化得很厉害。老陈接着说："1990年，考古学家在塔下面发现了一批很珍贵的佛教宝藏，其

中包括一口大石函。"当时正值春节假期，很多当地的孩子爬上宝塔，在里面钻来钻去。那里的木头梁柱和交错砌起的砖块都暴露在外面。老陈解释说："过去佛龛里有塑像，外面还有雕刻。"

老陈说道："据说乾隆皇帝来过这里。"中国18世纪这位著名的统治者以书法作比，把天开塔比作毛笔，把大黑龙潭比作纸，把对面的山比作砚台。过去，河边曾经建有一座供奉龙王的小庙，如今那里只剩下一片玉米地。陈玉山说："'文革'的时候，龙王像和石碑都被毁掉了。"留下的只有这座具有800年历史的寺庙的残垣断壁和对为期四天的庙会的回忆。

"看见那两条长长的山脊了吗？"他边指点边问我。"它们是龙头，是我们这条山谷的保护者。但是，南方来的一个开发商切断山脉修了一条新路。他把风水破坏了。"他又补充说，"要不是这样，我们村里肯定已经出大官了。"

关于地下水位下降的原因，老陈有自己的一套理论："过去，我们的龙有一部分潜在水中，龙必须靠近水才行！"村庄附近开凿的八眼井根本不够。"去年我们只好把雨水桶放到了龙头上。"他边摇头边严肃地说。

然而，希望尚存。老陈满腔热情地说："有消息说，从南方引水进京的新水道会经过这里。"他知道，要想恢复天开村的好风水，龙头必须近水。

标志北京龙尾的砖塔

北京历史上最重要的交通枢纽之一——西四路口当年曾有四座巨大的牌楼。牌楼在20世纪60年代的时候都被推倒了，但这里的热闹却不减当年。奇怪的是，另一座古老的建筑物，一座800年历史的砖塔却仍然矗立在附近。夹在一排小店铺中间，后面还有拥挤的住宅围绕，这座16米高的砖塔很容易就被人忽视了。只有穿过一座奇形怪状的木门，穿过曲曲弯弯的小道，才能靠近这座古塔。

注意它的人并不多，事实上能让人想起它的也就是附近的一条砖塔胡同。这座塔其实是为纪念一位僧人行秀（1166－1246）建造的，不过他更为人知的别号是"万松老人"。他是一位颇有影响的学者和佛教净土宗的大师，以能融会道家、禅宗、《华严经》教义和儒教的思想体系著称。

54岁的连崇厚和他49岁的妻子杨乃云以及他们正在上大学的儿子就住在这座砖塔脚下。连先生就在西四出生，在这所两间屋的小房子里已经住了30多年，可以说是个地地道道的北京人。他讲话卷舌音很重，这是北京方言的特色；他还在澄浆罐里养蛐蛐儿，这是过去人们的一种娱乐、消遣活动。就算天气转凉，连先生家的蛐蛐儿还照样能叫。他的每只蛐蛐儿都用不同的罐子养，只有在斗蛐蛐儿的时候才把它们放到一起。"叫的那只就是打赢了的，"他指着那只与另一个罐儿里的挑战者斗过一回合后高声"欢唱"的蛐蛐儿说。不过他养这些小东西的主要目的是听它们叫，而不是看它们掐架。

从他们家沙发上方的窗户望出去，能看见砖塔土灰色的墙砖。"1976年唐山大地震时，"他回忆道，"塔顶上的大圆球掉了下来，我们跑出去看，发现里面有很多小球。"连家夫妇对砖塔的历史知之甚深。连先生说："这位僧人是元初伟大的政治家耶律楚材的老师。"据说大师圆寂后，耶律楚材把他老师的骨灰埋在了自家花园的这座佛塔中。这座九层八角佛塔很快成了一座地标。它成为了北京风水的一部分，据说代表的是北京城的龙尾，龙身是京城的城墙，金水河象征传递气的龙脉，城门是龙的眼睛、耳朵和鼻子，从前的双塔则是龙的两只角。

万松老人曾坚持要在卢沟桥中心的桥拱下支一块巨石，以阻止河水泛滥。这是为了象征性地镇压凶恶的河神。皇帝采纳了他的意见。万松老人还在桥拱下的石头上刻了一把剑，并题了"斩龙剑"几个字。这座桥保存至今。

连先生架起梯子，爬上了院子里一间砖房的房顶，然后跳过他儿子房间的屋顶，转眼间已站在与砖塔的二层平齐的地方向下望了。"过去所有街坊都从砖塔下面的井里打水。第一层那一面有房门，但差不多30年前锁上了。"连家夫妇马上就要搬家了。这一带已经圈定要开发，将来砖塔的周围将会建一座公园。他们的房子会拆迁，前面那些车铺、服装店和奶站都要拆，数十年的混乱场景也将随之而去。最终，代表"龙尾"的砖塔会重新成为西四的标志，不过要想了解一些真正的陈年旧事，人们还得找连崇厚这样真正的老北京。

周边的河

河畔小镇和镇中的老路

三家店是从前北京城西一个著名的煤炭商人聚集的小镇。它位于永定河由山上流下、进入开阔平原的地方,因此经常受到河水泛滥的影响。这个"古镇"的主要街道只有两公里长,就从河边开始。1995 年我第一次到那里的时候,土路上印的都是深深的车辙,不过现在新修的公路总算给这个有着悠久历史的地方增添了一点体面。

沿街一些人家有着雕工精美的门廊式入口,说明这个小镇的生活已经有了很大的改善。这里曾是一个大型的煤炭集散中心,200多年来有150多个家族靠着煤炭生意而兴旺发达。门头沟的山区盛产煤,三家店的商人就作为中间人,把煤炭运往城里。

这个镇子不仅曾是贸易中心,也是西边进京大路上的旅客及香客们的歇脚点。小镇有自己的寺庙,供信众们在朝圣途中做祈祷。尽管三家店现在已经不再是人们朝拜的地方,这些庙宇仍然多少记录着这个小镇

的一点历史。

社区的居委会就设在白衣观音庵中。居委会主任是一位中年妇女，她拿来钥匙打开了锁着的门。她说这座老庙曾是1900年义和团起义时一位首领的藏身之处。"每年农历二月二十九的庙会，庵里都会挤满了人。"大殿墙上贴着"只生一个好"的标语，这似乎比较合适，因为观音菩萨就是孩子的赐予和保护者。

后院的一块石碑记载着附近修路建桥的情况。据《北京名胜古迹辞典》介绍，刻于1872年的《重修西山大路碑记》记叙京西山路于清同治十年(1871)夏季被洪水冲断，沿途村庄煤窑、煤厂捐钱修复的情况。可以想象洪水泛滥造成的灾害，因此，街道两侧的房屋全都有很高的房基。

在街道西头，道路和河流的交汇点是一座龙王庙，数百年来它一直安抚着凶猛暴涨的河水中的神灵。它只有一个小小的院落，但是屋顶上那些守卫的龙、高大的古树以及相连的双重门使它在一瞥之下就极为醒目。我从后面一个邻居的花园中走了进去，不过一直等到看门人同意才进了大殿。

里面有五尊塑像，分别代表着五行：金、木、水、火、土。壁画描绘的是龙王及其家族的传说。两块石碑强调了龙王庙对人们福祉的重要性。我问那位看门的老人，庙宇和塑像是如何幸存下来的？他回答说："这里100多年来一直是本地治水机构所在地。"

三家店的古迹很多，但它们都需要关注。我希望今后的城市规划者能修复那些宏伟的商人宅院，保留古树，开放庙宇，让三家店的路成为回顾历史的通道。别再担心河水，因为有五条龙在镇守着呢！

消亡中的运河和河堰遗迹

在北京城最西边的首都钢铁厂，巨型的水冷却器不断地冒着蒸汽。1997年6月的一天，我很高兴地跨入了这片厂房，我要看的并不是那些设备，而是其厂区内名叫石经山的一座小山。那里有好几座有几百年历史的寺庙。一个名叫宋经伦的先生带着我去看了看寺庙的遗迹和一座重修的寺庙。不过最重要的是我看到了下面永定河那宽阔的河床。这一带建了这么多寺庙来安抚凶猛的河神，确实证明多年来河水的泛滥造成了很大的麻烦。

宋先生指给我看下面的铁轨。这段铁路是沿着800多年前金代的一条旧运河的河床修建的。他解释说，河水从山谷中奔流而出进入开阔的平原时冲击力非常大，充分享受着挣脱大山束缚后的自由。翻滚的水流猛烈地冲击着河流的第一个弯道，金朝的统治者为了驾驭这股能量，将强大的水流引入了一条运河，通往东面的京城和更东面的大运河。

这条运河名叫金口河。我们可以很清楚地看到曾经控制其水流的闸门。这是一项庞大的工程。但是进入大运河的坡道相当陡，这会令水流过快，不利于输水，因此运河很快就淤塞了。结果这被证明是一项失败之举。

50多岁的宋先生曾写过一本关于这条运河的书，他告诉我，这条河有过很多名字，分别标志着它当时的特征。它曾经被称为小黄河，因为它从发源地山西省带来了大量黄土。但它并非一直如此，在古代它的河水是很清澈的。金、元时期的过度采伐导致缺少森林的山区出现了水土流失，河水开始变得浑浊，河床里充满了泥浆，因此它又被称为浑河。后来固定下来的名字却是清朝的一个皇帝为了让河流朝它相反的方向发展而故意取的，叫做永定河。

我们开车沿着防洪堤行进。这的确让我非常吃惊，因为我没有意识到北京对防洪工作是如此重视。北京过去曾发过五次大水，因此皇室对这道东堤的建造是非常关注的。最厉害的一次洪水泛滥出现在1801年，当时接连下了十多天的大雨，堤岸决口，整个郊区都被淹了。甚至有传说说那些朝廷的官员每天只能划着大澡盆进宫去上朝。

修复大坝的豁口和疏浚河道因此一直是一项繁重的工作。宋先生告诉我，当地人把这道堤坝叫做"十八磴"，表明的是石级随河水上涨而升高的级数。我们沿着堤坝爬下去仔细察看。现在还能看到用金代留下来的蝶形铁夹锁住的大块漂石。我还注意到一个有趣的现象，河对岸的堤坝并没有受到多少重视。

今天，这条古河道里已经没有多少水流过了，它主要由北京与河北省交界处的官厅水库控制。但官厅水库比北京高出400米，一旦发大水，对北京城将是个巨大的威胁。堤坝上每隔200米就有记号标出哪个单位对这一段负责，如果水位上升，沙袋应马上准备好。

尽管有这些得力的措施，另一座镇水的北惠济庙仍然牢牢地驻守在下游。宋先生和我朝铁丝网围住的院落中望去，还可以看到里面敕

建的石碑。庙中曾有一个作为早期预警体系的铜牛；当铜牛身上变潮时，可就要准备沙袋了！

自动隔离的河畔小村

房山区的108国道沿大石河而建。国道周边的小路都被封闭，村庄也被警戒起来禁止进入：其原因就是非典（SARS）。2003年春的那一天，北京非典确诊病例总数达到了1275例。这在病毒尚未波及的北京乡村地区引起了恐慌，恐慌让这些农民作出本能的反应，以将自己从危险中拯救出来。对于他们来说，抗击非典的口号"万众一心"有着不同的含义。这所谓"一心"就是他们的村庄。

村口站着表情严肃的哨兵，他们头顶上就

是一条横幅，上写"预防非典检查站"。不过这同过去政治运动的肃杀气氛完全不同。村民们被吓坏了，他们要在最大限度上保卫他们的村庄。他们高喊着："离开这里！""别停车！"尽管这条公路仍然开放，公路两旁的村庄却都封闭了。高音喇叭在播放防非典信息，还告诉人们待在家里，不要让任何外面的人进来。但这是春光明媚的一天，再说我已准备好了在大石河畔野餐。我们在一个没有住家的地方停下来，想拍一张大石河的照片。山坡上有村民看到我们，就大叫道："不许拍照！"我们感觉自己好像不受欢迎的人。

黑龙关是一个有着石板屋顶的村庄，村子

的两头各有一座庙，一个是用来保护村子不受洪水侵袭的，另一个则守护着公路，二者就仿佛是村子的生命线。不过今天他们需要的是另外一种保护：不让非典侵袭他们和他们的庙宇。村子仿佛与世隔绝了，能见到的只有那些戴着红袖标的守卫人员。恐惧在他们脸上毕现无余，一如中世纪的黑死病带给人的恐惧。

田里的农民把脸遮了起来，尽管我们离他们足有15米开外。每个不是他们村子里的人都是可能的病毒携带者。

凭着他们对这种传染病的理直气壮的坚韧态度，他们控制了河流、山区、峡谷和平原的入口。这次非典疫情的爆发使我更加怀念北京的自然景致和农民们以往的热情好客。这就是我对大石河终生难忘的记忆。

永定河上游的要塞

永定河与居住在两岸的人们总是福祸相依的。当我在它上游蜿蜒曲折的河道边漫步的时候，这条浅浅的河流似乎已经不再能构成威胁了；然而我还是可以依稀辨出两岸石壁上的印记，这是从前水流不似今日这般平缓时的水线。

河水轻快地从一座摇摇晃晃的索桥下流过，闪着点点银光。河水清澈见底，让人很难想象控制河水源头的官厅水库是深受工业废水污染的。这里的居民仍在河中洗洗涮涮。他们还会抓了水中的小鱼用醋烹制，烧得连骨头和

刺也酥烂可食。

　　河岸上几乎没有自然生长的树木，几百年来它们已经被砍伐殆尽，结果地表土都被冲到了下游。不过最近河两岸种了不少小白杨，嫩绿的新叶给深褐色的岩壁增添了不少亮色。这里有一座破损的小庙叫做柏山庙，因从前这里有很多柏树而得名。现在只有寺院里的一棵柏树保留了下来。

　　永定河到沿河城拐了一个弯儿。远远看去，沿河城就像用高墙围起来的中世纪城堡，不同的是它还兼有小镇的功能。要塞建于1578年，为的是保卫京都西北出口的这条重要的沿河通路。此外，还建了许多瞭望台和信号塔，用来监视附近山谷的进口。

　　我爬上了村子高耸的古城墙，将美景尽收眼底。在城墙顶上，可以看到现代的水管蜿蜒而下，将山上的一股泉水引下去作为沿河城居民宝贵的饮用水。不过我听说水龙头一天只开两次，每次十分钟。

　　从这个角度可以很清楚地看到河流从西北方拐个弯流过来，然后略折向北，最后从沿河城向东南方向流去。镇里较宽的主路自西门开始，之后分出诸多小巷。我向那些灰瓦覆顶的庭院望去，可以看到校园门口的一棵老树，旁边学校的旗子正在迎风飘扬。这是镇子的中

心，从前是一座面向戏台的寺庙，现在成了仓库。不出所料，沿河城供奉着许多辟邪镇妖的保护神，包括龙王、黑龙、黄龙和其他神祇，它们都有自己的神殿。不过它们都是属于过去的东西了。

我从沿河城西边的正门进入，沿着那些狭窄的小巷走着，看到路旁堆着一捆捆劈柴。一位身穿褪色的蓝上衣的83岁白姓老人说，他见证了这里历史的变迁。白家祖上是经商的。他指给我看门口的一根白色大理石柱子，以及以前放油灯的一个壁龛，这说明从前这是个殷实的家庭。如今镇子里只有不到400户居民，大多靠打柴和经营果园为生。

35岁的果农魏立新种的是红富士苹果，他带着我们四处参观，并告诉我们为什么依山的南大门现在不通了。实际上南北大门是沿河城的水门。"有一年雨水特别多，"小魏说起了村子里流传的说法，"泥石流从南大门直冲进来，差点淹了整个村子，这时一块巨石从山上滚下来，一下子把南大门堵上了。"就这样洪水绕过围墙，流进了永定河。巨石拯救了小镇。据说它现在还陷在南大门里，就埋在那天留下的淤泥中。锯齿形的城墙也对村子形成保护。小魏说："一发大水，人们就会爬到墙上去。"

展示复原的遗迹

此地看上去很平常，不过与考古学家苏天钧一起走着，琉璃河边的地面上那些坑坑洼洼就一下子有了特殊的意义。苏教授参与了过去50年来北京地区大部分的考古挖掘，这次在北京西南边界附近的董家林村的发掘也不例外。

我们沿着建于公元前900年的土墙遗迹一路走过去。这里曾经是西周时燕国的都城，有不少王公贵族的墓葬出土，供今人了解那个时期复杂的文化。苏教授说，这里不仅发现了青铜器，还有当时人们所吃食物的残余。

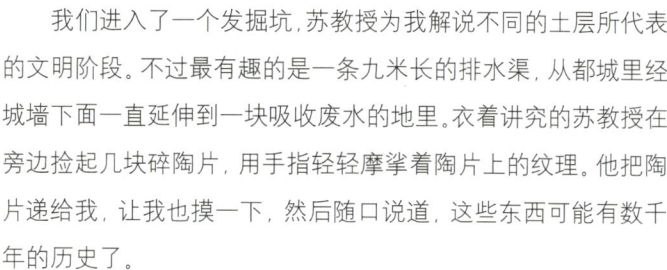

我们进入了一个发掘坑，苏教授为我解说不同的土层所代表的文明阶段。不过最有趣的是一条九米长的排水渠，从都城里经城墙下面一直延伸到一块吸收废水的地里。衣着讲究的苏教授在旁边捡起几块碎陶片，用手指轻轻摩挲着陶片上的纹理。他把陶片递给我，让我也摸一下，然后随口说道，这些东西可能有数千年的历史了。

苏教授的故事实在是太多了。"我参与发掘的许多宦官的墓都在永定河沿岸。他们都是按照佛教规矩，人坐在坛子里下葬。"据说，宦官失去的器官要用上好的檀香木或陶瓷制成的模型代替。

当年苏教授发掘臭名昭著的大太监李莲英的墓时发现，李的陪葬品中有一根玉带和一枚玉戒指，这些东西现已被故宫博物院收藏。他的遗体很完整，不像有些书上说的那样被砍了头。当年红卫兵焚烧了李莲英的宅邸，苏教授事后曾赶去抢救出一些文物。他把书和瓷器都送到了文物局。

他又讲述了另一个文物抢救的故事，这次发生在离卢沟桥不远的一座寺庙里。大井村的万佛延寿寺素以它甘洌的泉水和明代铜佛闻名。苏教授知道，在那个令人痛心的年代，他必须抢救出这注定要遭受破坏的文物。然而他绞尽脑汁，这座高八米的佛像还是无法装车运输。他只好找来一把锯子，把铜像切成三段，用平板车装上，运到了城里安全的地方。

我很想知道那里现在还留下了什么。一位名叫彭永真的卖报纸老大爷说，为亚运会新建的一个足球场就坐落在寺庙遗址所在地上。我想，不可能有什么东西留下来了，但彭大爷说他很乐意带我去，并大大方方地上了我的车。车行到体育场的围栏外，他突然说："佛就在那儿！"我的眼睛使劲在地面上搜寻。"你没看见吗？"然后他朝上指给我看……真的在那儿，一座巨大的观音菩萨铜像。它优雅的身姿清晰地显现在体育场的影子里。我简直不敢相信！我很快地开过了南大门的岗亭，进入体育场。什么都无法阻止我进去！

雕像共有三个面孔，脸庞圆润，头戴着精美的花冠。原来的24只手只剩下四只，不过那些精致的珠饰和飘带般翩跹的裙裾上的线条使她仍称得上是一件雕塑杰作。

我的向导回忆起当年寺庙的残余部分被推倒并开始修建体育场之后，这里的官员是如何去寻找这座雕像的。"它对我们这个地方非常重要，是我们村里那座庙的象征。"他们最终在首都博物馆找到了它。北京市有关部门将其粘成一体，归还给他们。

我爬上水泥基座，以便看个仔细。还能看出雕像被粘合起来的痕迹，但修复工艺近乎完美。我向彭大爷说起了坚定的考古学家苏天钧以及他不辞辛苦保护他们神圣的雕像的事迹。苏教授也很高兴这件珍宝能够完璧归赵。他寻找和保护北京遗迹的艰辛努力没有白费。

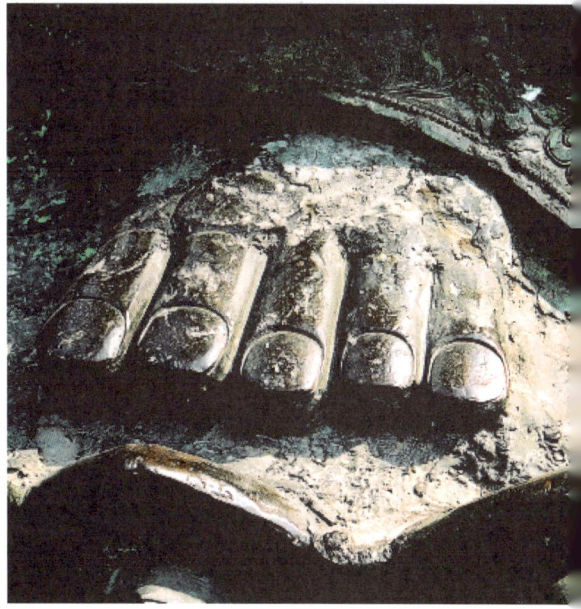

湖与皇家园林

冰上交响曲

20世纪80年代初期我们住在北京的时候，冬天有好几个月河水都是结冰的。滑冰是我们家的保留节目，我们经常去不同的滑冰场，以欣赏不同的冰上景色。北海就很受欢迎，因为它交通方便，而且有滑冰夜场。

那个时候，我们要融入中国社会还不是件很容易的事，不过到了冰上，每个人就都一样了。有些在那儿滑了一辈子冰的老人很高兴地教我们一些滑冰技巧。我的儿子和女儿也很快跟别的学滑冰的孩子打成一片，还喜欢和他们

比赛。

周末我们通常会开车去颐和园的昆明湖，不过总是在游人们都坐下午4点最后一班公车走了之后。那时候出租车很少，人们还没有私车，所以对游客来说，回城里只能坐最后一班车。于是整个湖面成了我们自家的滑冰场。日落之前，天空变成了海蓝色，映衬着万寿山上的楼阁。夕阳的余晖给西边的香山涂上了一层五彩的霞光。

随着我们自由地滑行，冰面变成了深绿色。可以听得见脚下的冰面随傍晚温度降低进一步冻硬时所发出的咔咔的响声。我们的冰刀在光滑如镜的冰上飞快掠过。无边无际的天幕倒映在我们脚下的湖面上。随着温度越来越低，冰层的咔咔声加剧了，听上去几乎像是音乐，仿佛有一面低沉的大铜锣在我们

的周围敲响。我们可以听到锣声随每一次新的收缩快速地掠过湖面，它给我们带来一种奇妙的全新感受。

可是由于全球变暖和城市的发展，北京的冬天温度越来越高，能在湖上安全滑冰的日子越来越少了。昆明湖隆隆的冰上交响曲也渐渐消逝了。

昔日水景

18、19世纪的时候，圆明园中的水景随处可见，直到1860年它被外国军队焚毁。其中最壮观的大水法是一座按西式风格建造的华丽水榭。而现在，在部分修复的遗址公园里，除了中间地带为数不多的几个湖和几条水渠，大多数的水道都已经干涸，它们的周围也回归到了自然的状态。最近已有人提议在这里重建当年

的园林原貌，届时园中的湖河溪道无疑又将充溢着欢快的水流。

在圆明园的西园荒废的那段时期，在杂草丛生的小丘和早被遗忘的碎石中走着，你很难想象它当年是怎样的一片胜景。有好几次，我拿着圆明园的旧图在其中穿行，将19世纪时的景象与如今的面貌作对比。

我注意到地图上标有一个佛教的卍字符。那曾经是一座建在一个小湖当中的卍字型亭子。由于到处杂草蔓生，我只能根据地图上标着的附近的一座假山来勉强估计出它的位置。不过走在长满野草的干涸的湖床中，我还能找到一些古代式样的曲线型土石堆，它们呈阳光的放射形状，四条弯曲的光线依次向一个方向扭转。

另一个旧湖的位置比较好找。一个大理石船坞就立在现在已开垦的一块田地旁边。几个退休老人坐在石阶上，回忆着当年湖中还有水时的情形。他们年轻的时候曾在这里钓鱼。还有几根插在土里的石柱，那是当年横跨湖泊间水道的一座精巧拱桥的遗物。

我沿着地图上指的路，来到了这座巨大园林的北面。让我惊奇的是，那里还立着好大的一面土墙，有15米高，以前一条护城河干涸的水道就围绕在墙的外侧。

温泉，静思的好去处

北京城北约 30 公里处的小汤山镇正迅速发展成为一个周末休闲和度假的胜地。小汤山脚下有两眼著名的泉水——沸泉和温泉，它们从古时候起就喷涌着温热的泉水。

尽管我从 20 世纪 80 年代起就曾多次去过那里，但从来没想到过试试那泉水，直到 2002 年 1 月我应邀去九华山温泉度假村度假。那里的温泉池就在岩石围绕中，与日本的露天洗浴差不多。不过日本式的温泉文化在这里有点走样，因为每个人都穿着游泳衣。当然，这已经很接近了。

此地的历史可以追溯到 17 世纪，当时清朝的皇帝们都很懂得利用这种有治疗作用的泉水，甚至在这儿建了一座行宫。日式洗浴的风格是战争时传过来的。1937 年到 1945 年，北京遭到日本人占领，温泉也被日军接管，成了军队医院。战后这地方就对公众关闭了，直到最近几年温泉洗浴才重新开放。

春节前两天下了一场小雪，而这时我正泡在温泉里。爆竹声早早地响了起来，焰火照亮了灰色的天空。池子旁边放着热茶。大块的岩石上则写着"御泉"两个字。

这使我不禁想起了中国发生的变化，尤其

后来，我有机会看到了一幅 18 世纪的画，上面展现的是前述第一个湖和那个有回廊的卍字型亭子的全貌。直到那时我才明白了整个的建筑布局。有几座小木桥连接着亭子的外端，这样人们不用走回到亭子中央就能四处走动，欣赏水景。画上还有那座单孔的石拱桥，水就从桥底流入毗邻的湖中。那情形几乎跟我想象的一模一样。

是近20年的巨变。在20世纪80年代初期，我是怎么也不会想到会与中国朋友在这样的环境中闲坐的。如此随意的接触在那个时候还是无法想象的。我也想到了中日关系的悠久历史。现在是两个国家第一次处在真正平等的地位上，彼此互相依存。

跟我一起泡温泉喝茶的朋友孙晓燕也想到了这个问题。"最重要的一点，"她强调说，"是人民之间的相互信任，尤其是年轻一代。"她还说，尽管两国都不时有一些不和谐的声音传出来，但这种牢固的关系是不应该拆散的。

在我看来，这种在皇帝曾经沐浴的地方以轻松的方式交流是最容易消除误解的。

勺园

从前，北京到处都是属于富豪和文人所有的私家园林。其中的勺园——意思是"一勺水"——就是建于明朝的一个小园林，现在是北京大学的一部分，附近的外国留学生和教授的宿舍也延用此名，不过原先的庭园已经不存在了。北大西门内的一些荷塘、假山和小桥最近得到了修复，就设在庭园的旧址上。有一幅三米长的精美画卷描绘了这个庭园的原貌，它的主人是16世纪的学者兼著名书法家米万钟，他

常常在这里招待朋友，当年他们就是在布局精致的池塘、小溪、假山和亭子之间的小路上漫步游玩。

　　欧迪安女士(Diane Obenchain)是北京大学的访问教授，她设法将那幅画卷拍了照，并制作成精美的复印件。与欧迪安一起逛校园宛在画中游，她能告诉你每个地方原来是什么样的。走到一座旧亭子的时候，她变得格外激动，她的讲解给勺园增添了一种更为尊贵的氛围。据她说，这个园子的名字来源于米万钟开新溪流时所取的一勺水。这个名字也喻意着园子相对比较小的规模，或许它的形状就像一柄勺子也未可知。

　　欧迪安说，米万钟设计了多处水景来装点他的庭园。水边的亭子和岸上的垂柳恰似屏风分隔出这些景致。她带我去看一处遗迹，就是校史博物馆院子里的一块竖起的巨石。然后她展开画卷，指出500年前它在一座亭子前面的显著位置。

　　对我来说，勺园总是让我想起1995年某天的一件趣事。那次我想从西门进入北大校园，门卫要我留下我要拜访的人的名字和住址。我那天是带一个朋友去瞻仰位于校园里的著名西方记者、中国人民的朋友埃德加·斯诺的墓。我不停地对他说"斯诺"、"斯诺"，可是门卫好像根本听不懂。他往车窗里塞进来一张纸条，一定要我写上房间号码。万般无奈，我郑重地写上斯诺的住所——勺园地下室 B-01 号，他这才让我进去。

陶然亭：演员、革命者和诗人的渊薮

11世纪的辽和后来的金代把都城设在了今天北京的西南角，从那以后，陶然亭公园就一直是个重要的集会场所。1997年4月4日，一个阳光明媚的春日，白色的杏花、黄色的连翘以及木兰花都盛开着。这一天是清明节——中国人向祖坟献花、纪念死者的日子。

很多离退休者和工人聚到公园的亭子里唱戏。在二胡和钹铙的伴奏下，一位年近40岁的妇女开唱了。人们聚集过来，每当她成功唱到精彩处，人们或是鼓掌，或是扯着嗓子喊一声："好！"

这座公园具有悠久的中国传统戏曲历史。几百年来，中国许多省份的会馆的戏院——就设在附近，所以陶然亭是住在附近的戏曲演员很喜欢去的地方。男女演员一大早就开始吊嗓子。还能看到来自附近戏曲学校的孩子们在这里练功。

虞启龙在陶然亭公园的西边搜寻着。他是著名书法家，还当过京剧演员。他正在寻找一座破庙——他青年时曾在那里学过京剧。72岁的虞老师讲述了自己接受训练唱老生的经历。老生可能是各种各样的角色——皇帝、将军或者诸葛亮之类的英雄。他回忆说："我们星期天一大早就来到这里练功，总共有大约40人。我们跟随名师学习，还看到名角在附近练功。"这里如今是北京昆曲学校。

虞家是个著名的书法世家，其先祖就是 8世纪的书法大师虞世南。"西安碑林博物馆里收藏着刻有他的书法作品的石碑。"虞先生曾在北京的法语学校和上海的震旦大学学习过，后来活跃在舞台上，跟着京剧戏班在中国各地演出。然而，命运的意外转折使他重新拾起了书法。"法国和中国于1964年恢复外交关系之后，我应邀向外交官讲授中国文化。"不过，他在写字时仍能表现出京剧的动作。当他运笔时，手腕会急促地扭动，完成时姿势也很夸张——陡然把毛笔提到半空中。

陶然亭湖边一座小山上有一座名叫"慈悲庵"的小尼庵。虞老师说："古代的时候，那是普通老百姓可以登上的唯一制高点。重阳节那天，大家都要登高遥祝亲人平安。"对一般人来说，陶然亭的山丘比旧城墙还要高，所以是很理想的地点。

早至12世纪的石刻就表明了这个地方的重要性。陶然亭是17世纪末在这个尼庵的院落里建成的，名字源于唐朝著名诗人白居易的诗句："更待菊黄家酝熟，共君一醉一陶然。"亭子上还有清朝学者翁方纲的对联："烟笼古寺无人到，树倚深堂有月来。"在这里作诗已经成为一项传统，人们纷纷写诗赞美这座亭子。

虞老师接着说："尽管这些诗歌不乏赞美之辞，但这个地方过去其实并不太美。山丘周围是坟场和烂泥地，湖水都是死水，里面全是芦苇。南边的明城墙和护城河刚好把它围在城里，墙根下都是破旧棚屋。"

公园里的寺庙和亭子还用作秘密集会的地点。19世纪末，一心改革日益腐朽的清王朝的变法者们就在这里展开讨论。中华民国的创建者孙中山先生也参加过这个公园的集会活动。后来陶然亭成了早期共产主义运动的秘密接头地点。

如今，这座公园风景优美，一座漂亮的湖已经取代了昔日的烂泥地和小池塘，人们可以泛舟湖上。离开公园的时候，虞启龙指向另一座小亭子，亭中的一位老者正唱着了一段陶然亭已经聆听了许多年的唱腔。

几眼古井

驿站小镇：风和水的故事

　　走在八达岭长城附近有800年历史的榆林堡古驿站的小街上，刺骨的寒风迎面吹来。这片荒凉地带是古代从北京通往西北方的张家口的必经之路。一位正从井边打水归来的妇女证实说，这里确实从元朝开始就是一条驿路，是带着官文的信使歇脚或交接的地方。

　　几百年来有不少故事流传下来。其中一个传说说的就是榆林堡的古井。有一次康熙皇帝骑马到北方体察民情，在榆林堡歇脚的时候喝了这儿的井水。皇帝对甘甜的井水赞不绝口，于是到井口边向里面看了看。他说，这是一口"通井"，所以井水才会如此甘美。可惜，随着人们开始用机器随心所欲地凿井，那口著名的水井逐渐干涸了。

　　村庄还保持着原有的格局，三面都有从前留下来的高高的土石墙环绕。我造访的时间正是1月份，因此我在路上溜达的时候，很少有人出来。偶尔会看到做工精致的木门，显示这座村庄从前的富有。有一座房子有着雕工极精美的窗框和门楣，正是慈禧太后当年路过此地时的行宫。现在住在这里的人说，当时慈禧好像对这儿的住宿条件很满意。

　　一位高姓村民邀请我进去

见见他的家人，他们刚吃过午饭，正坐在炕上休息。已经65岁的高大爷说："剩下的东西已经不多了，他们在原来是驿站的地方建了一栋房子，不过从前拴驿马的一些石头还在。"

由于离沙漠很近，这里又是个风口，从内蒙古刮来了大量的风沙。还有一首诗讲述了另一个关于康熙的故事，说康熙在此地露营，夜里忽然狂风大作，次日晨起，发现"一粒粮也没有"了。

现在榆林堡的驴要比马多。街上随处可见整装待发的驴车，不过它们不再是用来送信的了。高大爷的孙子说他所在的初中已经有好几台电脑了。的确，这个有着土墙、老井和满街风沙的古驿站如今有了更快的信使：信息高速路。

分钟寺的下落

按照老北京的传说寻找古迹并不总是成功的。许多地方都已经消失了，只有很少一些还留了个名字作为纪念。有时会是一条街道的名字，有时是一个公交车站的名字，有时往往是一个学校的名字。

你向任何一

个出租车司机打听分钟寺的下落，他们都会立刻告诉你它在哪儿。对他们来说，这地方就是北京南三环路上一个重要的立交桥，那里有个通往天津的高速路的出口。但是没有一个司机真正到过这座寺庙所在之处。

很幸运，1987年我去寻访这个传说中的地点的时候，城市发展还没有波及到那个地区。有关这口钟的故事是这样的：寺中的大钟不同寻常，它的响声会告诉每个人不同的意思。人们听到的不止是钟鸣声，它还能传达适用于每个人的信息。对一个懒汉，它会说"快起来"；对忧伤的人，它会给予希望；对疲惫的人，它又会发出抚慰的催眠声。正因为它能发出不同意思的声音，这口钟才得了这么一个名字，并

有了这样的传说。

引起我注意的是一个公共汽车站的名字。我按照一张旧地图所标的位置向南走去，分钟寺应该就在一个公社里面。炎炎夏日，灌溉水渠正把水送往一大片广阔的农田。我沿着水渠往前走，一直走到一眼井前，所有的灌溉用水都是从那里来的。一个水泵将水送往不同的方向。在水井的一侧支撑水泵的一堵墙实际上是一块刻了字、纪念分钟寺重修的石碑。

寺庙都不见了，当然更不用说那因人而异的钟声了，但我每次路过名叫分钟寺的立交桥时，都会想起这个传说，想起从古井中源源不断涌出的水流，那维系往昔岁月的最

后一样东西。

幽闭中的生存

　　沿着白铁山极其曲折的盘山路向上攀登，有一件事是肯定的：这里的村庄似乎完全废弃了。在这个冬日，我走访一个又一个白雪覆盖的荒凉村庄，几乎没碰到一个人，真是令人感到好生奇怪。有一个地方还因为在村子底下开矿采煤而出现了塌陷。

　　灵岳寺村是山上最后的村落。灵岳古寺的残余部分从远处就能望见。两棵高耸的大树——一棵松树和一棵国槐——显得格外突出。这座幽僻的古庙已经有 1000 多年的历史，始建于唐代，元代重建，现在依然表现出 14 世纪高超的建筑水平。

　　我发现一个村民正拖着一棵死去的树走在山间的石子路上。我问他为什么其他人都走了，他却不愿多说，只说这里交通不便，工作不好找，所以只剩下三户人家了。不过他又说，至少有一口相当好的水井能为剩下的人提供足够的水源。

　　荒芜的小路在一座座破败的房子间穿过，窗子大都破损了。眼前是一副非常单调落寞的景象。不时能看到丢弃的工具，显示着以前这里的人们辛苦的劳作。一块磨得很光的石磨现在不再有人使用了。街坊四邻在一起谈天说地的屋子门口，如今却为一片静寂所笼罩。

我碰到一群驴子，它们占据了一个空置的院子，看起来可以很自由地走动。很快它们又开始上路了，在夕阳下排成一列越走越远。它们聚集在村子里那口水井旁，因为那里有足够的水让它们喝个够，看那样子就好像它们是这片荒芜地带的主人一样。

尽管人都离开了，但那些驴子、那欢涌的井水，还有高高的树都留了下来。这个地方留给我的挥之不去的印象就是，正是这里的偏僻造就了一座天然的乡村博物馆。

砚水湖

这个城市还从未经历过这样的盛事。世界各国的妇女代表于1995年的9月齐聚北京，出席世界妇女大会。对许多个人来说，这是一个重要的转折点；对全球成百上千个有着共同精神追求的小团体来说，这次大会也给了他们一个机会，来发出自己的声音——关注全世界妇女的命运。

我的一些巴基斯坦朋友也参加了她们国家的代表团。我带她们去了孔庙，那是原国子监（太学）的一部分，仍旧保留着旧时北京的传统。

我们围拢到院子里几棵翠柏掩映下的一口古井旁边。这口井的井水据说有种神奇的力量，用它蘸过的笔能写出漂亮的书法和妙文佳构。此地是三年一次的科举考试考场，届时来自全国各地的年龄各异的学子济济一堂，那么当年到古井来朝拜的人肯定络绎不绝。

这口井的名气如此之大，连乾隆皇帝都用它的水来研墨作诗。为表示自己的感激，他将这口井命名为砚水湖。孔庙地面上近200块石板上刻着自1306年以来历年登科进士的名字。这些金榜题名的文人在写文章的时候可能都蘸了井水吧。

我想，无论是乾隆皇帝还是孔老夫子都不会想到，那个秋日这口井旁会有这么一幅奇妙的景象。来自异邦的女士们争相往那深不可测的井底望去，古井旁边人头攒动，五颜六色的纱丽和头巾飘来飘去，闪着耀眼的光。可惜的是，那里没有水瓢能让她们来一试井水的魔力。

我们继续往前走，孔庙中依然静寂，只有吹埙的声音在大殿中回荡。颇具讽刺意味的是，我们这些参加妇女大会的代表，还要来这里向一位将女性地位贬低了几千年的圣人致敬。就像这里的石板上没有女性的名字一样，在各种文化制度下，妇女的解放都经历了漫长的岁月。而这也正是此次历史性的会议所要讨论的。

在谷积山谷古井旁听到的传说

从北京市中心向西驱车仅一小时就可以到谷积山脚下，但这段路还是让人感觉远得不可思议。那里四面环山，还要穿越一条长长的溪谷，步行一小时才能到达那个建有古代寺庙的幽僻山谷。散布在各处的遗址中处处可见历史的痕迹。

道路两旁随处可见采石者和拾柴人，还有一些牧羊人在植被稀疏的山坡上放牧。距离第一处寺庙遗迹不远处，有一对老夫妇站在一口古老的石井旁，拣选着一篮篮新摘的柿子。

71岁的冯老太太和丈夫刘老汉负责看管这个有几百年历史的寺庙群遗址。他们住在灵鹫禅寺，那里的石头建筑可以追溯到600年以前，不过现在已空空荡荡。

这片寺庙向山上延伸，上面建有一个六角形的石廊。再往上，三座宝塔分别矗立在三座小山上。整个寺庙群是作为一个平衡对称的建筑整体设计的，西部的阳面是庙宇，东部的阴面用来修建尼庵和墓地。寺院在山谷中高低错落，但在平衡性上却和谐一致，历史的许多层面也彼此交融，比如，明代的大殿就与中央山顶上的辽塔遗址遥相映衬。工匠们以恭敬的态度将历史遗存融入新的设计。

一块字迹几乎无法辨认的1078年的石碑说，中原地区的和尚们于9世纪中叶为逃避唐朝政府的宗教迫害来到此地。

在一座宝塔里发现的另一段碑文《宝塔记》则讲述了更多的历史。碑文说："大慈恩寺僧人慧云请留舍利二颗进饲供养。今有信官来，哭造水晶瓶一个□□。敕赐谷积庵左手，命工建二石宝塔，一塔□舍利宝瓶安于塔内，永达供养。"今天的参观者可以爬到宝塔下面，但水晶瓶早已失传，只能看到地下宫壁画上的卧佛像。

冯老太太对皇帝的许诺一无所知，她只是一心要从那口石井里汲水。她费了好大的功夫才用一个生锈的辘轳把一桶水绞上来。绿绳子拴着的铝桶终于露面了，里面只有半桶水。冯老太太解释说，他们用不了太多的水。她说得没错，因为从那么深的井里汲水太费事了。冯老太太再次把桶投到井里，用粗糙的双手缓缓放开绳子。"这口井至少有30米深，"她说，对只汲一桶水就需要那么长时间已经习以为常了。"这里的水确实很清，但水不多。"原来的情况并不是这样。她的老伴刘老汉讲述了原委。"抗日战争期间，日本兵向井里扔了许多石块，以阻止八路军从井里打水。石头把一部分天然的泉眼堵住了。"

另一位当地人，68岁的杨老太太，当时正在照管她父亲100多年以前种下的柿树。这些柿树长得非常高大，她得用一根长长的竿子才能把树顶的柿子打下来。杨老太太就出生在这座山谷，对这儿的历史非常了解。

她最先讲述的故事说，一些和尚忘记了自己的誓言，穿过地道私会附近山谷的年轻女子。然后，她又讲了一番更近的历史。她说，日本兵来到谷积山谷时，她的家人非常害怕，于是翻过山，在另一条山谷躲了一年。"我们当年就住在一个石洞里，晚上才出来找吃的，"她说，"很难想象在这个美丽的地方会发生这类悲惨的故事。"

不过，真正令她感到辛酸的却是"文化大革命"。"当时有许多小佛塔都被毁掉，大殿里的所有石佛都被砸碎了。太可怕了。"她生气地说道，"这么一个空气新鲜的寂静山谷，日本兵和红卫兵怎么敢来呢？"说完，她又开始摘柿子了。这些故事不断提醒人们，如此偏僻的山谷也躲不开国家和民族历史的风风雨雨。

令人心旷神怡的古泉

难以捉摸的玉泉和西山八水院

　　北京倾力保护其最好的泉眼已经有很长的历史了。许多时候，为了控制对泉水的使用，人们会建造寺庙和行宫；今天，它们的遗迹就成了古代水源的标志。在这些泉眼中，八个水质优良、环境优美的泉眼合称为西山八水院。

　　这个称号出自12世纪末，当时的统治者是金章宗。金朝的王公贵族们喜欢在这里的山谷中打猎，常常在这些地方建造的寺庙里宿营。

金国人原本来自气候较为寒冷的东北地区，有着挥之不去的游牧情结，内心的躁动不安迫使他们从憋闷的都城跑到山区。金国的皇帝们要么重修早期建造的寺庙，要么建起新的寺庙，这样，和尚们就可以照顾管理这些泉眼了。

上述寺庙取名为"水院"，表明这些泉眼都是周围景观的核心。在所有这些地方，石渠导引泉水流入寺庙和行宫并环绕四周。有几处水质上佳的清泉甚至被引入都城。

到底哪些著名的泉眼被列入八水院，在历史学家中仍存在争论，但玉泉的地位是确定无疑的，因为它被认为是北京最早的泉水。不过今天玉泉山不向公众开放，这意味着它对我来说还是个谜，我只能通过过去的报刊来欣赏它，或者远远地望着它。一幅描绘西郊皇家花园的清朝绘画就把玉泉山放在正中间，它作为昆明湖的背景美丽异常。那座显眼的宝塔所在的位置是金朝皇帝狩猎时住的芙蓉殿。

为了赞美常常出现在潺潺泉水附近的彩虹，此景又被命名为"玉泉垂虹"，是金朝皇帝钦定的"燕京八景"之一，在明代，人们通过金朝皇帝的诗作重新认识到这处美景。后来，清朝乾隆帝对这八景格外关心，在每处景点树起一块巨大的石碑，并且刻上古诗。由此，玉泉成为北京郊区最重要的标志之一。它

不仅成为八水院之一、燕京八景之一，而且被乾隆皇帝钦赐"天下第一泉"的美誉。这使它获得了无可比拟的地位。在人们的印象里，玉泉集自然风韵与人工雕琢于一身，秀丽典雅，美不胜收。

玉泉山还被纳入清朝的静明园，山上建有

佛寺和佛塔，山岩上和山洞里刻有藏传佛教的人物。从比利时工程师布亚尔（Bouillard）20世纪20年代绘制的地图上看，山上有十座寺庙、四座宝塔和许多亭子如湖景亭，宾客们聚集在这些地方饮酒作诗。这里其实有两眼清泉。图上清楚地显示，水从玉泉流入一个小湖，通过金水河流下山，然后通过沟渠和运河一直流到紫禁城。

近观玉泉山的最佳地点是那片防范严密的围地高墙外的运河边。渔夫们聚集在河两岸，那里有两扇装饰华丽的大理石门。五环路最近已经开通，这使人们可以更近地欣赏这片景色和那四座宝塔。一座古老的建筑隐藏在两座小山的山坳处，那也许是喝酒吟诗、欣赏湖光山色的最佳位置。

据说，这些著名的泉眼都已经干涸，但我宁愿根据玉泉的绰号"雪花泉"想象它的美妙：山泉喷涌而出，飞溅的水花像雪花一样银光闪闪。对于这样秀丽的景色，我只有细细品味。

复活的茶摊

石景山区有一片巨大的垃圾填埋场。那条路上随处可见五颜六色的塑料袋，简直就是人类的无节制行为和狂风共同创造的装置艺术。每条树杈、每株灌木上都挂着彩色的塑料袋，它们迎风飘舞，被戏称为"冬天的花"。这一带的河流都已干涸，许多泉眼也干涸了。然而，在

这片让人心情郁闷的景致里，你却可以找到双泉寺。

双泉寺的历史可追溯到 12 世纪，现在只剩下一片残骸，但几棵树和两块石碑仍然保留着过去的气息。双泉寺曾以御用"双水院"而闻名，配有一些特殊设施，以迎接皇帝驾临游幸。所谓双泉，指的是有两道泉水从寺庙的两侧流过。

与双泉寺比邻而居的司丽女士家与这座小小的寺庙有着特殊的关系已有好几代了。她走出房门，看见我正低头察看寺庙里一眼名泉的白色大理石出水口。她指了指一条堆满垃圾的沟，说："最初的喷水龙口就从那面斜坡上伸出来。"稍稍清理了一下，我可以看到一对石雕龙角。她又说："水过去就从那儿流出来，但是后来堵住了，所以我们现在从这个新出水口接水。"

几个男孩费劲地推着一辆独轮车从我们面前走过，车上放着一个装满水的20加仑红色塑料桶。司丽说："他们就在路边卖水！有些外地人向当地政府交钱，就为了能卖我们这儿的水。但是，我们没有抱怨，因为水还够用。即使北京和周边地区都出现干旱，这里的水量总不见少。"

52 岁的司丽就出生在这座寺庙的一个配殿。她父亲一家人负责照看一个由寺庙经营的

茶摊，逢年过节，茶摊总是人满为患。从一片山间寺庙群通向另一片寺庙群的一条香路正好经过她家门前。绝佳的位置使这里成为游人休息的理想地点。

她骄傲地说："我们有一个绿釉彩盆，上面刻着'双泉寺茶摊'。这个盆就放在隔壁我堂兄那儿。"在一个放旧工具和废电视机的小棚子里，我看到了那只绿釉彩盆。褪色的字迹证明，这就是司丽所说的东西。

我们一起坐在他们家前门旁的小木凳上，聊起外地人卖泉水的事儿，又说到路那边大垃圾堆散发的臭味和随处飞舞的讨厌的塑料袋。我问起这一带曾经有过的宝塔，司丽说，都在上世纪60年代毁掉了。那位堂兄指指那个小棚屋墙里垒的青砖说："这些旧砖就是塔上的。不用也是白费了。"

堂兄的妻子端来一些泉水，这水喝了让人感觉神清气爽。我们坐在凳子上，围成一个半圆随意地聊天，仿佛过去的茶摊又复活了。他们要做的只是拿出那只绿釉水盆，时光的流逝就尽在眼前了。

龙泉寺泉水

龙泉寺的石槽里又可以见到泉水流过了，只要地方官员愿意。如今，他们可以开启水源，也可以根据需要把泉水引到附近的一座鱼塘和一家餐馆。为了保护寺后的泉眼，他们加了上锁的盖子，这样，水流就可以得到监控。当泉水流过古寺时，这里仿佛重新焕发了生机。水从一个大理石龙头处喷涌而出，沿着穿过院子的石槽汩汩流过。

根据当地的传说，龙泉寺的第一位长老继

升和尚在泉眼旁习练气功时常常看到一条赤练金蛇，于是，他把这眼泉命名为龙泉。还有人注意到，当阳光照在蜿蜒流过的泉水上面时，升腾的蒸汽使人觉得泉水仿佛刚刚从巨龙的身体里喷涌而出。

一位从南方来的挂单和尚称，他只是看看地图就找到了龙泉寺。我想，这是选址的绝佳办法：只须找到一个名字，然后再试一试。任何一个名字里有泉水的地方大概都是不错的。

登上石阶，就上了原来面东朝阳而建的大殿遗留下来的平台。此地的历史可追溯到10世纪的辽代。又有泉水从脚下流过，一棵古老粗大的银杏树似乎也恢复了精神。黄色和绿色的落叶随着潺潺的流水欢快地远去。

樱桃沟里话泉水

在卧佛寺后面的池塘里，昨天的豪雨把睡莲叶子冲刷得碧绿怡人。一团团黄色的槐花瓣在水面漂浮打转，仿佛在和轻风共舞。寺后狭长的山谷名叫樱桃沟，是北京人郊游远足的好去处。夏季，那里树木繁茂，遮天蔽日，溪水从平时干涸的河床上潺潺流过，非常适于避暑。人们上樱桃沟还有一个目的：品尝泉水。

我在泉边遇到一位退休医生王永正，他70

岁左右，来自山西，身穿朴素的白衫黑裤，头戴一顶帽子。在我的注视下，他快步沿石径走上前去，俯身到滴出泉水的裂缝处，用杯子接了一点，尝了一口，抹抹嘴。"北京的所有泉眼我都去过。到玉皇顶泉有3000多级台阶，到樱桃沟只有2700多级。"他接着说，"过去，这条小溪一直向前，流入昆明湖。"上山的途中，我见到一条旁边绿柳成行的窄石槽穿过植物园，于是，我明白了他所说的话。

泉水汇成的浅池旁边有些大石头，一小群游客坐在上面，彼此交流着关于泉水的故事。老王显然是这方面的专家，而且相当固执。他断言，北京城味道最好的泉水在昌平的慈悲峪

村。但他也提到，去那儿的路并不好走，所以他就来了樱桃沟。王大夫走了，迈着轻快的步子沿着溪流的另一边向下走，边走边嘟囔着什么。他一定是在重新计算有多少级台阶。

谜一般的铁瓦寺及其泉水

我在京西的河北镇发现一座不寻常的古寺，那儿有许多问题还找不到答案。该寺位于背后的小山凹进去的地方，临河而立，整个院子被一株35米高的大银杏树遮盖着；它起初叫做圣泉庵，在一次修复中更名为铁瓦寺。现在，

泉水和那些与众不同的瓦片还在，这使它成为一个有趣的景点。

该寺现在是当地政府的办公地点，泉水从寺庙脚下一个龙形出水口中喷涌而出，流入池

塘，力道强劲。许多人聚集在这里接取清澈的泉水，刷碗洗衣服。但是，泉水的源头并不在这里，它来自后面陡峭高峻的山崖上面。我在那里找到一个上了锁的石洞，透过洞门的缝隙向里面看，只能看到从前为寺庙储水的一个石池。但看门人说这并不是泉水的源头，源头应该在此山深处，不过他也不知道确切的位置。

寺庙的庭院里面有一座圆形的大殿，屋顶呈六角形，好像六瓣的莲花，中心处有一个莲花状的球。屋顶上覆盖着锈迹斑斑的铁瓦。在北京，这种建筑显然非常罕见。它如今被称为铁瓦殿，更早的时候还有一个奇怪的名字：忆子亭。

每块重四公斤的铁瓦提供了一些解开这个谜的线索。铁瓦的表面上印着旧年号日期，一看便可知有些是1505年，有些则是1515年。此外，有些瓦上还盖有"五台山菩萨顶铁瓦寺"或"五台山万寿寺铁殿"的印：这两座寺庙都在山西省的五台山。这些铁瓦显然是在500公里以西的五台山烧制，然后一路运到此地装饰这座大殿的。

但是，他们为什么需要用铁瓦呢？我知道，在山东的泰山，人们以铁瓦作顶，对付狂风。那么，要么这个地方是爱刮风，要么就是寺庙的创建者在迁居此地时把铁瓦从五台山带

了过来。一座名刹往往会有另地而建的子庙，那么可以认为这座寺庙是铁瓦上文字提及的某座名刹的子庙。

大殿为什么是圆的？也许因为这里最初是座尼姑庵，这样一个圆形的亭式建筑带有某种女性特征。地上有块石碑的碑文说，一位女子因为失去

丈夫而悲痛欲绝，便到这里削发为尼。忆子亭的名字就是因她而得吗？她是不是位皇室成员？这都是些未解的谜团。

碑文刻于1682年一场地震后大殿重修的时候，可惜没有提到建寺的缘由。碑文曾提及泉水，说它"甘如香露"，描述了它如何从寺庙脚下流过，水流浩大、清澈，同时指出当地居民可以随意取用。此泉今日称为圣泉。尽管公家新立了一个牌子，告诫人们不要在泉水里洗衣服，但是看来自由取用泉水的习惯早就根深蒂固了，没有人拿它当回事。

我带着调查这座寺庙来源的任务来到神圣的五台山。铁瓦上提到的菩萨顶正是五台山中央灵鹫峰上的寺庙。我爬了108级台阶，可是既没发现铁瓦，也没找到圆亭。在中台顶，我交了好运。四周仍然覆盖着白雪，一阵狂风吹过这片荒凉的土地。为安全起见，中台上寺庙的顶上覆盖着铁瓦。我终于理解了铁瓦的必要性。

我还在五台山西南的一条山谷里找到了铁瓦寺的遗址，此处不会受任何狂风侵袭。四下里找不到铁瓦，不过土壤却是铁锈色的。假如这个铁瓦寺是北京铁瓦寺的母寺，铁瓦所用的铁就是用这里的铁矿石炼出来的吧？

我仍旧对北京铁瓦殿的来历保持着一份好奇。在我初次造访这里八年后，人们还在随意取用它的泉水，而我则在继续寻找有关它的历史的蛛丝马迹。

长寿泉

在北京东郊的一条乡村公路上，我偶然发现一块做工粗糙的牌子：龙泉谷保健旅游区。我一时兴起，将车拐个弯，驶入两块巨石之间的狭窄通道。马上我就感觉到这里的独特。一块标志牌上写道："龙泉谷内走一走，最少能活九十九。"

距离公路不远的圣水泉，飞泉垂虹，淙淙鸣响。当地人对圣水泉有一个更通俗的叫法：送子观音泉。许多传说都讲述了喝泉水能生孩

子的故事。

　　银光闪闪的泉水从长满青苔的山坡裂缝中涌出，流入下面一方清澈的池塘。同行的一位日本女士随身带着一套茶道的工具。在这青山绿水之中，我们很自然地饮了茶，看清泉顺着山岩欢快地流淌，听泉源在大地深处隆隆作响。

　　沿着池塘再向前就是奇泉。据说，清朝乾隆皇帝曾作对联赞美这里："岩秀原增寿，水芳可谢医。"旁边建有一所藏药研究中心。这个机构建在这儿非常合适，因为此地曾经建有药王庙。山上有洞，名为"老和尚洞"，据当地人传说，15世纪一位名叫圣明禅师的和尚在那里活到高龄。

　　大龙门村村民的长寿非常出名。其秘密一定在于那芬芳的泉水。我猜，在这山谷里畅饮清茶一定可以身体健康不求医生。好笑的是，那天和我同去的朋友恰好是医生。

奸诈宦官泉

14世纪，元朝和尚黄龙禅师建造了一座名叫清水寺的寺庙，以纪念附近的一眼清泉。此泉位于西郊九龙山脚下，仍旧很热闹。泉水从寺庙废墟旁边流出来，像往常一样，一群人聚集在周围。山上的泉水水流更大，但在这里靠路的地方比较容易接水。他们说，过去水量更大，但附近的采矿活动影响了地下水位。

做工精良的石槽表明，过去，这里的泉水在注入山下的溪流以前曾流经清水寺。水槽里的薄石板一块压着一块，排列整齐，这让人觉得很有趣。从寺庙再往上，一座小桥跨越泉水而修建，桥上是一座宝塔的废墟。宝塔上的石兽四下散落。在佛经堂废墟旁边的佛塔上，你可以发现更为复杂的雕刻。这些精美的工艺品表明，这座寺庙曾经非常富裕。

不过，寺庙的财富来自一个寡廉鲜耻的人。山边的石碑讲述了有关的故事。在15世纪（明朝），寺庙周围的土地属于牧羊人、农夫姚三。但是，有权有势的宦官吴亮想要搞到这片土地，以用作辞官后养老的寺庙和墓地。然而，姚三拒绝了他的要求。不达目的誓不罢休的吴亮便去求宣德皇帝，最终把那座寺庙据为己有。

　　姚三继续在寺庙周围的山坡上牧羊并使用泉水，这进一步惹恼了吴亮。他再次动用与皇帝的关系。1480年，皇帝下了圣旨：不得耕作，不得砍树，也不得放牧或以其他任何方式破坏寺庙周围的平静；任何违反规定的行为都将受到处罚。这座庙也更名为崇化寺。

　　这个仗势欺人的太监达到了目的，可是，随着时间的推移，他的家产和寺庙都化为乌有。如今，寺庙南侧有一个丑陋的煤堆，羊群在山坡上吃草，人们随意地拿着大塑料桶来接泉水。没人为吴亮的在天之灵祈祷祝福，他的坟墓也早已湮没无踪。

在北京找泉水是一种习俗

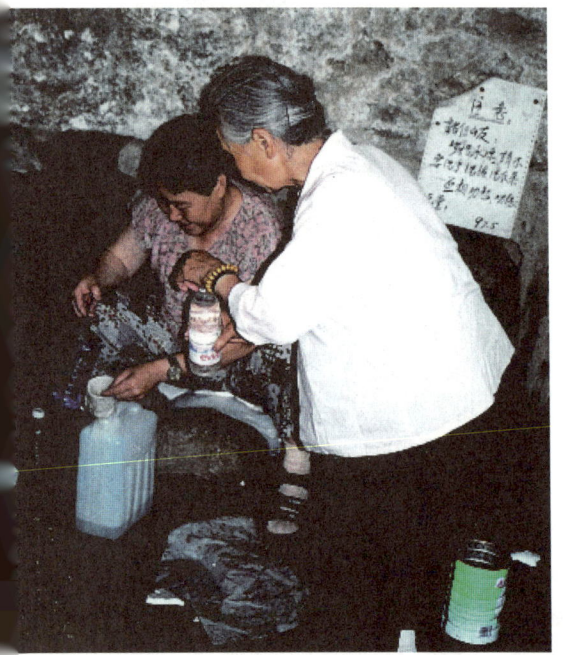

按照传说，龙王一伙偷走了北京所有的甜水。他们把这些水全部运到附近的山里，供自己家人使用。一位名叫高亮的年轻勇士追了过去，但只打破了一桶苦水，苦水汹涌而下，流回市里，淹死了勇士和他的战马。据说，正因为如此，北京城的水井和天然泉水都是苦的，你得爬到附近的山上才能喝到甜水。

每天晨曦微露的时候，北京城西山区那些著名的泉水旁都会聚集起一群群来自四面八方的远足者。各色人等都在破旧的石路上长途跋涉，寻找优质的饮用水。他们的背包里塞满装水用的一升塑料瓶。这些泉水往往只是涓涓细流，所以，采水人必须早早去排队。

一位名叫"老刘"的72岁老人说："我坐早上4点钟的车到动物园，然后换车去香山。"老刘等着细细的水流慢慢注满他的瓶子。"我每星期来三四次。在新鲜空气里走路很不错。我喜欢比别人早来。"然后，他在大石头背后弯腰取出他自制的大勺子：一个用废衣架绕着的塑料杯。"现在，水只有一点点了，"他嘟囔着，小心翼翼地将新鲜的泉水灌入一个空可乐瓶子。

到6点半，老刘已经接了20升泉水。其他人都在耐心等待，甚至帮助他把灌满水的瓶子装进背包。接水的人排成长队，其中不仅有老人，也有年轻夫妇。接水的人都非常礼貌、谦让，大家友好地交谈，分享着关于水的故事，相当低调。"要不，你一边等一边喝点我瓶子里的水吧？这

水很好，不拉肚子。"老刘主动提出。起初，我并没有嘴对着瓶口喝。"别客气，我不怕你脏，"他笑着对我说。我回答道："我也不怕你脏！"然后，他沿石路走下山去，背上的大包使他看起来就像一位圣诞老人，正准备挨家挨户去送礼物呢！

在山里一座古庙旁的另一处泉眼边，有一位名叫王庆善的66岁采水者，他对鉴别水质很在行，因为他曾在中国西部的沙漠里当了34年的地质工作者，那些年里就靠泉水活命。"有水就有人，没水就没人。"这就是他对那种艰苦环境的简短评价。

退休后，老王回到北京城北的老家，和儿子一家住在一起。但是，他仍然怀念纯净泉水的甘洌甜美。于是，他现在每周数次走上45分钟的路，到金山寺接泉水。"石头好水才好，"他自信地说，然后又开起了玩笑，"这儿的水就很好，知道么。是不错，附近也有其他的优质泉水，但这里的泉水不比任何地方差，而且是免费的。"

老王把自己带的空瓶子摆在"金水泉"旁边，抢在别人到来之前先占个位子。这里的泉水是从一根管子里流出来的，因为水从最初的水道就分流了。"一个人其实不需要很多钱就可以过上舒适的生活，"老王沉思着说。他是在对比简单朴素的生活观与今天北京社会日益膨胀的消费主义生活观。

王先生整理好背包（那里面装着千辛万苦接到的17升水），这时，几个人骑着摩托车上了山，他们都带着大桶，是接水去卖的。而王先生接水只为自家饮用。几天后他还会再来。为了寻找泉水，你可以一道道山谷地走下去。无论走到哪里，你都能看见一支手拿塑料瓶的采水队伍在和老龙王叫板呢！

漫步古运河边

"大运河上的塔影"

　　黄昏的太阳斜斜地照在大运河上，岸边满是碧绿的冬小麦田。不久，黑色的影子开始出现。我等的就是这个。在通惠河从北京流向正东并与通州区的大运河汇合的地方，有一座著名的宝塔，它已经在那儿矗立了1000年。宝塔的影子也非常著名，明代有篇文章是这样描述的："天气清霁，塔影飞五里外，现白河水面，蠕蠕摇摇然，而旁近河乃无影。"

　　这听起来好像值得探究一番。1996年11月12日，天气干冷，傍晚的塔影相当清晰。在运河西岸找到宝塔是一回事，找到正确的塔影却是另一回事。我拍了很多张塔影照片，但都错了。我沿着那一排影子缓缓走过去，终于认出宝塔真正的影子。它确实鹤立鸡群，气度非凡。

　　下午4点40分，塔影拖得很长很长。它先是越过道路两旁的房子，然后越过正在收割的大白菜地，接着又越过大运河，轮廓在新种的冬小麦田里异常清晰，好像一张放在巨幅绿毯上的黑色剪纸。最后，塔影的末端在远处白河（潮白河）岸边的一排树上蜷起来。老话真的很对！仅仅几分钟，塔影就达到最大长度，然后，那模糊的影子随着太阳西沉缓缓融入一片幽暗。4点46分，塔影彻底消失。人们觉得我

这样追踪一片影子简直是疯了,试图给影子拍照就更不可理喻。但是,这真的让我激动,我可以感受到那篇明代的文章,并且验证文中的意象。

在最后一抹阳光里,一群鸽子排成编队围绕古塔飞翔,它们的翅膀在夕阳下闪闪发亮。我想起了另一件重要的事情:这座宝塔也为北京城充当着洪水预警系统。只有在水漫过塔尖的阴影时,首都的高地才会受到威胁。

这座宝塔是用于供奉过去佛——燃灯佛的,他不仅是释迦牟尼的老师,而且以定光佛闻名。因此,这座宝塔为定期往来于这两条运

河间的驳船和其他船只充当灯塔也非常合适。

一只舷边拖着渔网的小船出现在视野里。渔夫来回摇动着长长的船橹,其优雅的身姿完全得自千百年来充满节奏感的摇橹生涯。小船拐了个弯,驶入向西通往北京城的一条小运河。这一刻,燃灯塔上的灯光开始闪烁,照亮了渐为黑暗淹没的河道。

挂在13层八角宝塔塔檐上的无数个铃铛发出轻柔的声音,到了这里,人自然会变得心平气和。过去,塔上的灯光迎接着过往的旅客,那丁当作响的铃声仿佛也在表示欢迎。如果你特别幸运、能够目睹塔影拉到最长的那一刻,这个景象一定会深深印在你的脑海中。

社区纪念古代场景

中央电视塔以南的三环路旁一大片居民区内有一处历史遗迹,你得下定决心才能找到。这就是皇家捐资修建的普惠寺。

今天,这里只留下两棵古老的银杏树和一根石柱,它们的年纪都在800岁左右。20世纪90年代,社区曾作出努力,帮助当地人记住这里的历史。人们立起一块石头纪念碑,上面刻着普惠寺明朝时的面貌。在画中,那两棵银杏树和石柱都置身于当时的背景之下。由此,你

可以想象这座寺庙接待皇帝及其随从来此赏景时的情形。

皇帝为什么选择了这个位置来修建寺庙？

仔细观察一番后，我意识到，此地处在一个斜坡之上。其实，这里过去是一个高高的小丘。辽代的一位和尚在这儿建造了一座朝东的寺庙。后来，明代的一个宦官又进行扩建，并在周围建起长300多米的围墙。这里绿树成荫，庭院优雅，成了一个香火鼎盛的寺院。

当年人们看到的是什么景色呢？这座寺庙俯瞰着12世纪的金朝挖掘的金口河从脚下悄然流过。王公贵族们狩猎途中会来此歇脚，于是皇帝可以欣赏一下把永定河水引入都城的宏伟工程。如今，这条运河仍然有水，从颐和园一直流到玉渊潭。

在拔地而起的居民楼中，那两棵显得有些矮小的银杏树树叶已转为金黄。人们徜徉在这小小的公园里，只有它还能帮助人们记住这块特别的地方。

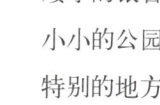

追寻古老的水道

辽代10世纪末出了一位女强人："承天皇太后"萧燕燕。据说，北京郊区有许多地方，要么曾经是她的营地，要么就发生过一些关于她的传奇故事，有几个山顶平坦的地方甚至被称做她的"梳妆台"。

萧太后以摄政身份代替年幼的儿子统治了大约30年，在此期间，她下令修建一条运河连接都城附近的湖泊，并让这条运河向东南延伸50公里，与大运河连在一起。1000年后，这条

以她的名字命名的运河还在，运河穿过的这片地带属于乡村，但已准备用于城市开发。这条运河之所以留存下来，要归功于由夯实的黄土构筑的坚固堤坝。

就算手拿地图，你也很难找到确切的水道，但是，多数当地人都知道这条运河的名字，尽管他们或许对萧太后本人并不了解。有一路公共汽车走的就是运河的一部分线路，但由于这片田地上密布着许多小运河和小水道，沿东西方向与萧太后河交叉，你很容易搞混。

在马家湾，萧太后河变得很宽，说明这里可能是个码头。然后，运河又窄如小溪，在京沈高速路下面蜿蜒而过。此后，水面再次变宽，好似一个小湖，捕鱼人划着仅容一人的平底船在水上撒网。

张家湾旧港过去曾是重要的稻米储运区，甚至今天还能在岸边看到一座修复的谷仓。一座辽代的木桥在明朝用石头重修过，今天人们仍然靠它过河。当地人称之为石狮子桥；在地图上它叫通云桥。

过桥时，我注意到桥面有深深的车辙，那是运谷物的大车留

下的。但是，这里已不再是一条繁忙的交通要道，只是偶尔有一辆拖拉机、几辆摩托车和一群放学的孩子过桥。

暮色中，狗和羊在桥下游荡，我也加入它们的行列。在那儿，我可以清楚地看到由大石块构成的三座桥拱。只有中间的桥拱下面有水流过，其他两座桥拱都被淤泥堵塞了。一只表情威严的龙头从主拱下面伸出来。这座桥形态优美，完全配得上此地的重要地位：作为交通枢纽，它清晰地体现出运河在谷物运输和发展商业方面的重要作用。

从那里开始，萧太后河与凉水河交汇，形成一条宽阔的水道，通过玉林庄水闸涌入大运河。那里的景色是如此宁静，根本没有船驶过。但在过去，这里一定是船来船往，熙熙攘攘。

张家湾以南有一座村庄，因为辽兵曾在此牧马而得名马营。这里过去有一座小山，萧太后和她的随从曾在山上露营。她因为在战争中身先士卒而名扬四方。她的英勇善战和所实施的种种利民措施（包括确保粮食运输、发展农业和不向农民征收苛捐杂税等）使她成为中国历史上最受尊敬的女性之一。也难怪，直到今天，萧太后河的名字以及萧太后的种种丰功伟绩仍然在北京城乡流传。

香河"老太太"

潮白河是北京东部的主要水系,并构成通州区与河北省的一部分交界线。在它向东流往大海的地方有一个杂乱无章的镇子,名叫香河。这个发展迅速的"边境小镇"就在北京市区边上,民工和货物都聚集在此地,等待获准进城。

我在一个狂风大作的寒冷日子前往那里,因为我想查证一个听说到的故事,故事的主人公是一位圣女,她于1992年死后奇迹般地变成了天然木乃伊。这位名叫周凤臣的女子是个虔诚的乡村佛教徒和土郎中。据说,因为她如此圣洁,她在死后也能控制自己的身体,使其不朽。描述这一现象的小册子在许多寺庙里分发。

1996年11月初冬的一天,我到香河镇附近寻找她住的村子,其实我并不知道自己会找到些什么,甚至连她家的确切地址都不清楚。那一天,树丛上挂着冰凌,猛烈的大风使骑车人举步维艰。乡村的小路上没有多少人。我向当地一位开小铺的问路。"噢,你想去那边,"他吃吃地笑着说,"我也去看过那个老太太。"但是,路不太好找,我只好不断向人打听:"那个老太太在哪儿?"不过,随着我逐渐接近目的地,我只须问一句"**那个**在哪儿?",人们就会为我指路:"在那边。"最后,我来到一座外表朴素的农舍前,这就是香河"老太太"的家。

香河女的长子杨先生把我让进来,尽管他责备我说:"你事先应该通知我们你要来。"他领着我走过那条看家的凶猛的德国牧羊犬——这条狗对人出奇地友好,几乎也能算个神兽了。我们走进接待室,屋里挂满了介绍周老太太生平的海报和照片,并附有解释神迹的文字。

她的儿子解释说:"她一直和我们不一样。她能预言什么时候出什么事,比如她孙女出的车祸。她到了一个新地方,却能知道路怎么走。"他接着说,"她是个慈祥的母亲,从没打过我们,也没说过重话。她每天都念经拜佛。"

　　杨先生指着香河"老太太"的照片说："我们知道她有诊病治病的特异功能。临终的时候，她似乎在为某件不同寻常的事作准备：清掉体内所有垃圾，并且开始禁食。然后，一天晚上，她说她现在要睡了，就这样去世了。"

　　接着，杨先生又带我来到"老太太"的房间外。窗户上方向外支出一张凉篷，以遮住冬日的阳光。他缓缓掀起外面的黄绸帘。我走近窗户，向她的卧室里张望。一个木雕基座上放着一口玻璃棺，放在她去世时睡的土炕上。周老太太的脸像上光的皮革一样闪闪发亮，花白的头发从她的耳边弯曲着垂到蓝色的枕头上。一块明黄色的绸布盖着她的身体。

　　她的儿子继续道："因为她看起来睡得这么安详，我们决定不火化，也不下葬。我们觉得她其实并没有死。"四年过去了，她的身体自然风干，但他们一直把她的遗体放在常温下保存。

　　其他家庭成员也聚在周围，骄傲地讲起了这位安眠的老太太的神迹。她的儿媳说："当我们意识到这是一种异常现象时，我们就通知了政府。从那以后，佛教领袖和科学家经常来我们家参观。"

　　"老太太"肉身的消息传开后，这个小村既引来了相信神迹的信徒，也引来了好奇的人。现在，周凤臣的遗体已经是社会科学院的保护对象，她那值得敬重的一生也被视作虔诚和自律的榜样。尽管我完全是个陌生人，这家人还是把我送到门口，那只可爱的德国牧羊犬也向我摇尾告别。

帝都水设施遗迹

遥想当年的水关和高墙

1990年，右安门南侧的凉水河北岸又兴起了一项建筑工程。工人在挖土时发现了大块的石板和一条超过21米长的涵洞。这到底是什么？考古学家一致认为，这一定是金中都城墙的一部分；由于这些石板位置很低，而且直通向凉水河（这条河在金朝曾经充当外护城河），它们其实是840多年前这座古城的水关。

于是，这里开始了一项新的工程：在出土的水关上方建造一所博物馆。1996年博物馆开放后不久我就前往参观。在博物馆工作的一位学者张燕带我到地下室参观水关遗址。涵洞四角向外拐出，为的是从城市排水系统中收集废水，然后排放到护城河中。大块的石板都架在一个木头架子上。铁条、木楔和蝶形银锭榫把这些石板固定在一起。我们只能想象上面高墙的形状：这些墙由夯实的黄土堆成，上设一个拱形的开口。

张燕是一位活泼、热忱的学者，她坚持认为，这

片地区还有许多历史遗迹等待发现。她主动提出："我带你去看那部分城墙。你自己根本找不到它们。"要去看这些墙，必须走过一段迷宫似的土路。

在北京城南一大片乱七八糟的砖砌棚屋中，有一块地方叫做万泉寺。在一家空调厂的厂区里，一扇上锁的大门把一段金代城墙遗址隔在里面。一位脚穿一双摩登的松糕鞋的负责的女士让我们进去。她用一把钳子扭开缠在一起的粗铁丝。看着她费劲地打开那把笨重的大锁，我想这里没接待过几位参观者。

然而，金代的城墙看起来并不起眼，不过是一堆夯实的黄土而已，上面长满杂草和灌木，基部由一道新砌的石墙保护着。张燕解释说："此处位于南墙的拐角附近，护城河就在这一边。"于是，我们又绕到另一侧去找这道城墙的延伸部分。其实，它就在一座紧靠它建造的房子里。房主人并不介意我们闯进他的院子。他打了个手势说："往前走，后面就是。"

几扇旧门和几块木板靠墙立着。张燕指出："这面墙过去有十几米宽、十几米高。"她轻轻拍着那夯实的黄土。现在，这面墙只剩大约三米宽了。在大约三米多高的墙头附近有一个鸟窝，一只鸟在窝里吱吱鸣叫着。要感受此地的历史价值需要相当的想象力。其实，不带

城墙的金代水关要壮观得多。

不过，这两处遗址还是使我对金国在北京定都的短暂历史产生了浓厚的兴趣。从看到那些外观朴素、未加装饰的土墙和涵洞遗迹开始，我就迷上了那个时代的一切：这往往意味着要

靠一石、一木或一段墙垣来想象往昔岁月。

在消失的御河上航行

从元朝以后,御河的路线就几乎没怎么改变,这真让人惊讶。唯一的问题是,过去50年来,御河遭填埋,河上的桥梁被毁,水闸也给拆除了。有一天,我准备仔细考察一下御河的路线,便开始了一次陆上"航行";不过,遵循着那时而弯曲时而笔直的路线,感觉就好像在河面上航行一样。

自13世纪末起,御河就发展成一条重要的运河,把内城的湖港与向东流的通惠河连接起来,货船通过这些运河把粮食运到都城。明代,这条运河水量减少,无法航船,商业部门向南迁移;即便如此,这条河仍继续流淌了650多年,直到逐渐变成一条地下排水沟。

御河起始于什刹海的前海,朝东偏东南的

方向蜿蜒穿过几条古老的胡同，直抵东皇城根，然后转向正南，一直到达明城墙外的护城河。这条河曾经叫做玉河，后来改名为御河。今天，一些与水和古桥有关的胡同名字还能让人想起这条河来。幸运的是，世代居住在河两岸的人们也记得这条河。

御河起始于万宁桥（后门桥）。万宁桥最近刚刚修复，一到那儿，我就看见古水闸两侧的大理石龙雕。水闸过去是用来控制御河及各个湖泊之间水面高度的。在穿过这座桥的道路两旁还能看到一些起初用来修桥的风化的石头。旁边的火神庙也在重修。

新近疏浚的运河向东流了近60米后转入地下。我则在地面上"巡航"。这里是东不压桥胡同，以前曾叫马尾巴斜街，因为御河在这里随心所欲地拐了几道弯，好像马尾巴一样，而

这条胡同也跟着河的方向拐来拐去。71岁的王先生从小就住在这里，对御河的历史相当了解。他站在拐棒胡同口，指点着这条曲曲折折的路，就仿佛他望着的还是那条河，他儿时戏水玩耍的地方。

我继续御河之旅。一个拐弯处立着一座古老的尼姑庵。据尼庵废弃的院墙旁搭起的一个香烟杂货店的店主说，一位80多岁的老尼姑还住在这一带。他还提到，河上还曾有过一座造型平直的桥。

道路拐了个弯儿，汇入东地安门大街，东不压桥曾在此横跨河上。"不压"的意思是城墙没有从桥上压过。1998年拓宽道路时，挖出原先桥上的许多大石头。再往南走，这种在路上"漂流"的感觉给了人另一种看事物的眼光。

譬如说，在北河胡同，我告诉那里的居民，自己正在探访古御河的路线，而这一段是被填埋的最后一段，他们是否还记得？一位60多岁的妇女给了我直截了当的回答："我家就在河上。你停汽车的地方过去就是河岸。你看，另一边的坡不是高一些吗？"

我向东溜达，来到新建的皇城根遗址公园。这里简直是花的海洋，五颜六色的玫瑰争奇斗艳。过去，御河就在墙内流淌，河上既有拱桥也有平桥。河与桥都已无影无踪，但附近

街道和胡同的名字还能让人想起早先的景象。向南去的路分别叫北河沿与南河沿。一个十字路口名叫银闸胡同。这次旅行的方向就是从南河沿向南。

来到与长安街相交的十字路口时，我想象中的小船不得不停下来：这里曾有一座桥，20世纪30年代拆除了。这里曾是一个吉祥的交汇点：菖蒲河把西山的泉水带到这里，与御河相汇。

2002年秋，菖蒲河重修，成为一座雅致的带状公园。河水从南池子大街的牛郎桥下流过，一直流向南河沿的织女桥。得知牛郎与织女经由这条河得以相聚——这条河也就是民间传说中的银河——我非常开心。

穿过宽阔的长安街，御河进入了旧使馆区，就在今天的正义路街心公园下面流过。20世纪20年代，这条河被填埋，成了下水沟。

在街道的尽头，我停留片刻，向一位花白头发的修车师傅问了几句话。我问他是否记得三官庙，过去，运河运上来的货物在交货时要在三官庙接受检查。他直直看着我，指了指脚下说："就在这儿！1985年，他们盖了所邮局。"这帮助我找到了自己的方位。20世纪20年代的一张地图上就标着三官庙的位置。这就是御河的终点，在这儿，御河穿过一道水门进

入护城河。

紫禁城的浴堂

紫禁城西南角的武英殿后面有一个浴堂，关于浴堂的起源，如今仍是众说纷纭。这组建筑的历史引人入胜，可是，几乎没有人知道里面还有一座古老的浴堂。这间浴堂到底是像人们多年以来认为的那样，是为乾隆皇帝心爱的香妃建造的，抑或是早期的元朝皇帝们沐浴的地方？

浴堂的形状相当独特。内部就像一座圆顶帐篷，四壁由光滑的白釉琉璃砖砌成。琉璃砖在烧制以前都切去四角，以与穹窿状的圆顶相吻合。圆柱形楣窗从顶部向外伸出，以便于采光。墙上的小孔是过去注入清水的地方。

进入这座建筑的过程也相当奇特，那种感觉就像偷偷潜入一条秘密通道，突然拐了几道弯才能到达浴室的门口。走廊建成这样，或许

是为阻止潮气和热量扩散，或者是为保证这里的私密性。我真纳闷，他们是洗淋浴呢，还是洗某种蒸汽浴？有趣的是，在这个炎热的夏日，这座砖砌的"浴德堂"里却凉爽宜人。

外面还有一口井，由一座有十个台阶高的亭子加以特别保护。水从那里沿着一条细石柱架起的石渠流过来，这些石柱各有弧度，就像罗马式的花瓶。途中，水会经过一个炉子，加热以后，再通过几个小孔流入浴室。

中国皇宫的规矩是，宫廷里的女人通常待在后宫，比如，慈禧太后就从没进入过武英殿，更不用说浴堂了。武英殿是军机大臣们等待面见皇帝的地方，其他一些房间则用作重要的印刷出版机构。此处风水很好，因为有吉祥的金水河流过殿前，在断虹桥下蜿蜒东流至紫禁城的主要庭院。

那么，在这么重要的地方建一个浴堂，就是为了取悦来自喀什的香妃吗？为了疗治香妃的思乡病，乾隆皇帝倒的确建造了清真寺和望乡楼。无论真相如何，北京人让浴德堂与最终安葬在西疆故乡清真寺中的香妃的传说流传了下来。

据说，香妃每天都由人护卫着从后宫前往浴德堂沐浴。尽管有皇家侍从的保护，她仍然受到一只讨厌的猴子的骚扰，在她沐浴时，那

只猴子从天窗往里偷看。最后，她把一柄玉瓢
（乾隆皇帝送给她的礼物）投向这烦人的窥视
者。但是，那只猴子却把它藏在断虹桥上一只
石狮子的脚爪下面。按照传说，从那天起，无
论何时，只要乾隆皇帝路过，人们都要给那只
石狮子盖上一块布，这样，他就不会发现自己
送的礼物被丢到哪儿了。

　　仔细察看了这个故事发生的地点以后，我
想，要把玉瓢扔到浴堂天窗那么高，还有足够
的力道打破玻璃，香妃一定生着强壮的臂膀。
另外，断虹桥上的石狮子中有一只其实长得就
像那只讨厌的猴子。无论如何，有一点是肯定
的：不管是谁经常使用这间浴堂，此人必定地
位特殊，因为浴堂的奢华堪称登峰造极。

邂逅毛泽东的鞋匠

天安门广场的南边就是商业繁盛的前门大街，是穿过南城的中轴路。大街的东西两侧有数不清的胡同，里面拥挤地居住着北京城的老百姓。从历史地图上可以看到，中轴路东侧的几条窄沟曲曲折折地向西南方向斜行。

其中一条沟起始于"草市"，沿小巷蜿蜒而行，通到天坛北边著名的金鱼池。从这里开始，一条较大的沟——"臭"名昭著的龙须沟——继续向前，最后注入南护城河。

今天，前门大街两侧已布满现代化的商店，不过，在这些光鲜的店面后边，那些古老的小胡同仍然存在，那些小店和拥挤的大杂院依然存在。臭气熏天的水沟已经不见了，但是，过去水沟的起点处有一条以前名叫沟尾巴胡同的小巷。有一天，我信步走入一个拥挤的大杂院的后院。院里，大约六户人家共用一个水龙头。接下来的偶遇使北京城这个小小的角落成了一部引人入胜的生活记录片。

在这个院里住着一位81岁的老鞋匠，他和儿子一家挤在一间屋子里。隔壁是他的家庭制鞋作坊，他在那里传续着制作布鞋和皮鞋的传统技艺。这位名叫彭继增的老人说："没人再像我这样做鞋了，我的鞋都是手工缝制的。"他一边说，一边转身拿起一块皮子。四周是成堆的纸样、木头模子、等待裁剪的皮革和装满鞋的箱子。他的椅子旁边就是一台老式的脚踏缝纫机。彭师傅拿出他那把轻巧的小锤，把钉子敲进包在一只鞋模上的皮革里。

他回忆说："我11岁就开始干这一行了，我父母都是穷苦的农民。开始，我做的是马靴。解放后我回到北京，在前门大街著名的内联升鞋店干活。"在那里工作了23年后，彭师傅退休回家，开始经营自己的鞋作坊。对于现在几乎没人再用手工做鞋,他感到痛惜。"现在都是大批量生产,而不是适合每个人的独特脚形做鞋,"他说。

接着,彭师傅从一个高高的架子上拿下来一对木头鞋模。"这是为毛泽东做鞋用的模子,"他骄傲地说。"毛主席每年只定做一双布鞋。"彭师傅抚摸着这对模子向我解释说,顶上开口的地方称作"口",毛泽东喜欢大圆口的。他把模子横放在手里展示它的长度:"毛泽东的鞋号是41号半。"说着,他笑了:"可我从没见过他。"然后,他又讲述了毛主席的秘书如何拿着脚样来找他,"我就根据那个脚样做出了模子!"此后,他每年都为毛主席做一双鞋。

周恩来总理也喜欢这种布鞋。"他要的是中圆口的,"彭老回忆说。"这是老样子,没有几个鞋匠知道怎么做了;总理在北京到处找也找不到,后来才发现我会做。"

说完这番话,老鞋匠又回到缝纫机前,把按照鞋的号码剪好的几层厚棉布轧起来做成鞋底,再缝在一双由某种精纺毛料做成的鞋面上。他做的布鞋每双卖180元;这个价儿很值,因为鞋底是皮的。彭师傅过去每天能做五双鞋,但现在减到一双了。

另一张桌子上放着彭师傅还没做好的一双鞋。这双鞋很小,只有12厘米长,小孩才穿得下。他把模子抽出来说:"噢,这双鞋是给一位小脚老太太的'金莲'做的。"他解释说,附近住着一位91岁的老太太,她现在还需要这种小鞋。彭老骄傲地说:"我得给每只脚分别做一个模子,因为它们扭曲的形状差别很大。她个子很高,全靠这双小脚站着。我的鞋让她走路容易些。"他仔细地把那块柔软的皮子包在模子上敲打一番。他的手熟练地操作着,好像本身就有生命。他又沉浸在下一次创造的乐趣中了。

珍贵的水源

缺水的村民在坚持

我第一次遇到刘女士时，她正在给她的两头驴喂玉米秸，细小的雪花飘落在翠微山的西坡上。"陈家沟村只剩100来户人家了，"她告诉我。"这里没有水，井都干了。"

我问刘女士，这里姓什么的最多，她笑着回答道："当然是陈啦。我丈夫就姓陈。"当然，她那80岁高龄的邻居也姓陈。"我就在这个村子出生长大，我的父亲和祖父也是一样，"陈万志骄傲地说，他的妻子和女儿在一旁看着。刚才他们看到我拍摄他们那具有乡村风味的房子，就喊我进屋。陈老说话很直爽，是个地道的男子汉。我马上就对炕上坐着的这位肤色黝黑、吃苦耐劳的老人产生出一种亲切感。

他们的炕设计得很巧妙，烟道还有一个用于烧水做饭的出口，三个盛水的小瓦罐埋在炕下面烟道通过的地方，这样，水就能持续加热。陈老汉说："我们早晨用热水洗脸，晚上也有热水泡脚，非常方便。"当然，水量很少。"井很深，但都干了。"但是，这些留下来的村民都在

困境中坚持着。

村里最大的井两年前就没水了。在那以前，几轮干旱使这条山谷的大部分地区都陷入缺水的境地。像这座村子一样缺水的地区由石景山区政府负责从市里运来水，每10至12天运水一次。不是挨家挨户送，村民们必须从停在下边公路上的卡车上往下担水。住在这里的人对限量用水已安之若素。他们洗衣、做饭、喝水、饮牲口、浇园子和灌溉菜地都靠这些水。陈老说他有三个儿子和一个女儿，现在都住在山下的镇子里，只在周末才回来看望二老双亲。"有项工程要把自来水接到这里，"他说，"可是眼下，我们需要什么都得由儿女们送。"

村子里，一条破旧的石板路蜿蜒而过。陈老先生说，他小时候，一到过年过节，这条路就挤满了人。香客们往来于山头之间，到这些相连的山谷里的众多寺庙去进香上供。如今，这座生活艰苦的村子安静了。正是这种安静使得陈老人和他的老伴继续待在这个干旱缺水的地方。

今天的雪送来了亟需的降水，这将使他们省吃俭用的水能多坚持一些时日。这里每一个姓陈的人都知道每滴水的价值。

莲花池"整容"

北京西客站西南侧的莲花池有很大的地下深水储量，是北京最古老的水源之一。从10世纪至12世纪，辽、金两代的都城都要靠莲花池（当年称作西湖）提供水源，其皇宫就坐落在莲花池东南。莲花池当年的规模远远大于现在，12世纪的学者赵秉文曾这样描绘它的景色：

倒影花枝照水明，

三三五五岸边行。

今年潭上游人少，

不是东风也是情。

上世纪90年代的莲花池是一片丑陋的荒地。湖的四周还保留着一些土丘，昔日的诗人

们曾登上这里欣赏湖光水景；但当时，这些土丘却长满野草，湖岸四周都是非法占地擅建的砖房。这片烂泥塘似乎不太可能再有清水流淌、恢复活力，甚至那片开阔的空地也难以留存下来。然而，现代化的西客站建起以后，北京大学的侯仁之教授大声疾呼保护这座古老的水源地，终于得到认可。莲花池被设计成一座公园，接下来进行的大规模景观建造工程使这座自然湖泊重现活力。

如今，污泥清除了，莲花池岸边荷花盛开，睡莲也从水中冒了出来。天空是如此开阔，你可以像古人一样尽享夏日的美景。这里终于又是"倒影花枝照水明"了。

太平庄

太平庄石墙上的缝隙中开满了明黄色的野花。这个村子就位于去往北京最古老的寺庙潭柘寺的路上。多数人家都敞开着门，每家的院墙同时也是邻居家的院墙。

村民们向我讲述了太平庄得名的缘由。最初，这里叫作下苹果园，有一天，乾隆皇帝在去潭柘寺的路上到这里歇脚，为了赞美此地民风淳厚，他把这里改名为太平庄。

村里一位80岁的陈姓老人说，太平庄的

村民总是乐于助人。"过去，大家总是互相帮助着盖房子、修路。村子就像它的名字那么太平。就连'文革'期间，情况也不像其他地方那么糟糕。但是，这种互助友爱现在已经越来越弱了。"

陈老先生曾在潭柘寺工作16年，对当地历史非常了解。"这里有一个古老的石洞，当年潭柘寺的第一位僧人华严老师建寺时就住在那里。日本兵刚来到我们这条山谷时，我们的村民就藏在那儿。"

我们当时站在一座桥边，桥下是干涸的河床。我问陈老先生水都到哪儿去了。他说，起初，太平庄的水很多，水质很清，是从潭柘寺的龙泉那里流过来的。寺中茂密的竹林有充足的水份可吸收。"那时，河床里的水总是满满的！"他激动地说。其实，早在8世纪时，潭柘寺也称作龙泉寺。

陈老先生回忆道："去潭柘寺的路旁有几个茶摊。"这些茶摊都用清冽的泉水欢迎香客。村子旁边有一个茶摊特别大。他还记得，日本兵曾在那里举行过一场庆典。"后来政府拓宽道路时，其他的茶摊都没了。"

1967年，所有的水源都枯竭了。村民们不清楚是什么原因，但听说是因为山那边开的煤矿让水流改变了方向。如今，他们只能靠外界供水：水是潭柘寺挖的一口井里打上来的，通过水管送到这里。

陈老先生力图让太平庄团结一致的精神延续下去。他还记着那些故事和口头流传的历史，并且强调合作互助的传统。他说："我们必须奉行太平庄和平宁静的人生观，这是我们这个村子的根本所在。"

腊八粥：长城脚下维系亲情的习俗

偏僻的香屯村坐落在一道山谷的深处，头顶，长城的遗迹沿着高高的山脊伸向远方。站在长城的一段城墙上，眼前的景色真令人惊叹：长城在一道道山岭上蜿蜒而行，一直伸向东方的地平线。风从山口呼啸而过。从这个有利的位置看去，下面的村庄尽收眼底。在这片荒凉的土地上只有几个居住点，香屯村就是其中之一。

64岁的王俊峰一家就生活在这里。他们已经习惯这种艰苦的生活，对村里邻居的大批外流忧心忡忡。越来越多的人搬出这片山区，这里的许多村子都已荒废，成了名副其实的"鬼城。""都是干旱闹的，"老王说。"幸好，500米以外还有一眼山泉。大概15年以前，我们铺设管道把泉水引到村里的家家户户，用上了水。不过，路那边的村子却没有水，因为河干了。他们每天都到我们村取水。"这些村子看起来死气沉沉的，因为年轻人都到北京或邻近的城镇打工去了。

这片地区的村子自古就与长城结下了不解之缘。过去，每隔200百米左右就有一座驻扎着士兵的敌楼，他们在瞭望塔上站岗放哨。对军队来说，当地的村庄是食物、水、劳动力和木柴（用于烽火传信）的重要来源。长城的维护费用很高，如此之长的战线所需的补给也成了负担。因此，长城的战略重要性逐渐降低，附近的村子也失去了生计。居民们转而靠打柴和经营果园为生。

冬至那天，王俊峰全家——他的四个儿子及各自的妻儿——都聚集在堂屋里。这年冬至是阴历的十二月初八，也称作"腊八"，是吃"腊八粥"的日子。这种稠稠的粥是用粮食、果脯、干果

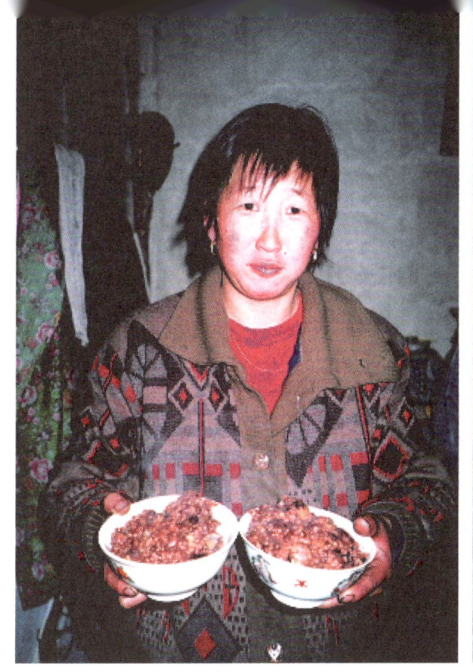

等熬成的，中国人年年都在这一天吃，因为它是维系亲情的重要纽带。过去，腊八粥要用大锅熬，好让邻居也来分享，而且给邻居的粥必须在冬至那天中午以前送到。

王家人并不知道腊八粥的起源。一些人说，从前，山西省有个大庙断了炊，当地百姓就把家里能找到的粮食全部拿出来，送给寺里的几百个和尚吃。还有一些人的解释则比较乏味，说是一位主妇做饭做得技穷，实在想不出新的花样，便把所有东西都丢进锅里熬，结果做出一锅大杂烩。

王俊峰的妻子、57岁的王秀英搅和着正在火上熬着的腊八粥。这种营养丰富的食物成了一种特产。她做腊八粥要放红小豆、玉米楂、高粱米、小米、栗子、枣、杏仁、核桃仁、糯米和云豆。粥煮好以后，她和儿媳孙秀敏端着热气腾腾的粥碗冲进屋子，大声喊道："腊八粥！腊八粥！"人人都往粥里加点糖提味。

屋里的灯忽明忽暗。"是风刮的，"王俊峰一边说，一边拿来蜡烛。即使屋里那唯一一只灯泡亮着，它的功率也只有25瓦，昏昏暗暗的让人慵懒。腊八的另一个传统是把蒜瓣泡在醋里做腊八蒜。一碗这样的蒜和凉拌山野菜一起摆上了桌。有一种野菜的名字很奇怪，叫"黑狗腱儿"。"吃这个对身体好，"老王说着，将杯中的白酒一饮而尽。

因为年纪最大，王俊峰坐在炕上最暖和的地方。旁边是大儿子王绍利带着两个孩子。另外的三兄弟带着家人也围坐在炕上。屋外，凛冽刺骨的寒风从长城的隘口呼啸而过；屋里，热气腾腾的腊八粥把王俊峰一家凝聚在一起。

我们一觉得为后人留下一些东西，包括文化遗迹和优质的水源……

（怀仁之教授）

跋

我通过这些彼此相关的邂逅，从北京的水、树和石等自然环境出发，表现北京历史的诸多细节。我希望这些故事和经历能给读者一个新的角度以了解和欣赏这座城市的伟大遗产。我之所以用这种特殊方式看待北京，或许要归因于我自身所处的多种文化背景和生活环境。

我原本是美国人，在大学和研究院主修东亚历史和亚洲地理。后来，我获得了一项助学金，到台湾学习中文，在那儿认识了我未来的丈夫，一位年轻的日本外交官。1970年，我们结了婚，到日本生活。事实上，我搬到婆婆家里，她后来出家为尼。起初，我不会讲日语，就跟她老人家写汉字来交流。我们的饭菜常常是西式、日式和中式的混合。

我从小生活在密西西比河岸边，附近就是路易斯安那州南部的湿地和沼泽，到处都能见到水。雨水太多的时候，我们就取出独木舟，沿着街道划行。因此，我很容易就适应了东京的湿润气候。我酷爱日本的雨季。可是，到了北京，我发现干燥多尘沙的华北平原却完全是另一番景象。水不再被看作理所当然会有的东西。因此，我自然注意到北京的泉水，并且逐渐学会从当地人的视角看待湖泊、河流和水库的重要性。

我之所以对北京的山着迷，一个原因或许是我的家乡新奥尔良只有一座人造的小丘，称作"猴山"，孩子们可以在周末到那里爬上跑下。如今，这座可怜的小土包还在，就在那座城市的动物园里面。它只有北京煤山一半那么高。但是，那就是我从小到大爬过的最高的山了。在北京，山就像尤利西斯遇到的塞壬女妖一样召唤着我。我总能根据妙峰山或银山的山峰有多么清晰说出哪天天气最好。

新奥尔良著名的植物是枝杈巨大、向地面弯曲、每条枝上能坐六个人的弗吉尼亚栎树。日本的古树被奉为圣物，人们常在树干中部缠上绳子编成的带子，还会建造一些庙宇以向它们表示敬意。在中国，人们会在寺庙完工或墓地建好后种上树，它们会因为这些地方的神圣庄严而长存于世。北京的许多古树都历经长期干旱和历史磨难而得以保存，这让我非常感动。

日本和中国在文化和历史上有许多共同之处，其中就包括佛教传统。然而，童年时代的我只知道一位佛祖，那就是供奉在埃弗里岛（那里出产著名的塔巴斯科辣酱）一座花园里的佛祖。后来我才知道，这尊佛像来自北京的一座喇嘛庙，20世纪20年代为古玩商购得，最终流落到路易斯安那的沼泽。对我来说，那就是"东方"。我万万没有想到，有朝一日，自己竟然和那尊佛像交换了"住处"。

我的故乡新奥尔良的许多老住宅都有一个中庭，很像北京的四合院，这让我对北京一见如故。孩提时，我喜欢沿着法国人居住区的小街散步。这些小街在许多方面都与北京的胡同相似。同样，住在日本的时候，我常常组织学生们去东京市里的老区实地旅行，寻找历史的足迹。随丈夫到北京任职后，我仍然保持着这种四处漫游、寻访历史的习惯。

我第一次来北京是1976年，就在"文革"

结束的前夕。那是非同寻常的一年，出了许多大事；我现在很容易想起来，我们来的时候是周恩来总理逝世后，但在唐山大地震和毛泽东主席逝世前。我们住在北京饭店时，毛主席的画像和爱国的标语就是仅有的广告牌。那时给我印象最深刻的是人们普遍都缺乏活力。

我们被告知，全北京只有六个旅游景点可供外国游客参观，以天安门广场为中心、半径15公里以外的所有地方都限制进入，标牌上写着"外国人止步"之类的话。由于带着小孩，我们很自然地去了动物园。

大熊猫馆后面，离熊展区不远处有一个小湖和一座亭子，这也是历史遗迹，因为这里曾是明朝时的皇家别墅，后来成为慈禧太后建造的万牲园的一部分。我们坐在一些大石头上休

息，并拍了照片。

后来这成了我们家非常重要的一张照片。从那之后，只要我们全家都在北京，我们就会在每年的初夏去同样的地方再拍一张照片。每次我们总要寻找当年的石头和柳树，并选好带有湖和亭子的同样角度作为背景。当然了，照片是不可能一模一样的，26 年过去了，只有那些石头还是当初的模样。

1983 年我们搬到北京居住后，我期待着更多的地方能够逐渐向外国游客开放，以便寻访一些以前没有去过的古迹。由于只有标注着名景点的不清楚的地图可用，我便搜集一些老地图，帮我确定那些不常有人去的地点。到 1986 年，我已经去过全中国的所有省份，通常都是和丈夫及两个孩子——儿子友亮和女儿美佳

——乘火车旅行。作为一名社会研究教师，我认为让孩子通过观察自己生活的国家来学习是非常重要的。我很高兴，因为这些培养，他们在我们这个三种文化并存的家里感觉很自在。

我丈夫 1995 年被任命为驻中国公使，后来又在 2001 年被任命为驻中国大使，这让我欣喜若狂。我又可以回到我的"第三个祖国"生活了。我继续探索北京地区，我的狗奈基也跟着我在不断变化的北京漫游，登山远足。我也变了。从前，我总是害怕北京的寒冷，但是，后来却爱上了北京的冬天。通过这些经历，我发现，在晴朗的冬日探险最好。此外，在冬天拍照也容易些。那时的天空总是碧蓝碧蓝的，那些古塔、古树和古庙的屋顶在这个光秃秃的季节拍出来的效果也会好得多。

尽管许多古迹都重建得很美，我还是宁愿看到那些按照原样随时光老去的地方。在我看来，保护历史比重建历史更重要。不仅如此，哪怕只剩下一块石头、一棵古树、一口古井，它们本身就是历史的感人化身，丰富着我们对北京灵魂的体验。

阿南史代
2004 年 2 月

北京历史年表

旧石器时代，新时期时代，商　约公元前 60 万年 – 前 1027
　　北京人，山顶洞人，东胡林遗址
周　前 1027 – 前 221
　　蓟国　约前 1000
　　燕国蓟城　约前 475 – 前 221
秦　前 221 – 前 206
　　蓟城
汉　前 206 – 公元 220
　　燕国蓟城
三国　220 – 265
　　广阳郡蓟城
晋　265 – 420
　　前燕幽州蓟城　337 – 570
南北朝　317 – 589
　　燕幽州蓟城
隋　581 – 618
　　幽州蓟城
唐　618 – 907
　　蓟城，幽州
　　幽州　911
辽（契丹）　916 – 1125
　　燕京，辽南京　938
金（女真）　1115 – 1234
　　金中都　1153
元（蒙古）　1271 – 1368
　　元大都　1272
明　1368 – 1644
　　北平　1368
　　北京，京师　1421
清（满洲）　1644 – 1911
　　北京，京师　1644
中华民国　1911 – 1949
　　北京，北平
中华人民共和国　1949 –
　　北京

地名索引